EXÍLIO COMO FORMA

Gonçalves Dias e o dilema brasileiro

João Cezar de Castro Rocha

EXÍLIO COMO FORMA

Gonçalves Dias e o dilema brasileiro

autêntica

Jean-Baptiste Debret, *Feitors corrigeant des nègres* (*Feitores castigando negros*), 1835. Domínio público.

Victor Meirelles, *A primeira missa no Brasil*, 1861. Óleo sobre tela, 268 × 356 cm.
Museu Nacional de Belas Artes, Rio de Janeiro. Domínio público.

Émile Jean-Horace Vernet, *Première messe en Kabilye* (*Primeira missa na Cabília*), 1854. Óleo sobre tela, 195 × 130 cm. Coleção do Musée cantonal des Beaux-Arts de Lausanne.

Pharamond Blanchard, *La première messe en Amérique* (*A primeira missa na América*), 1850. Óleo sobre tela, 226 × 177 cm. Musée des Beaux-Arts de Dijon.

Candido Portinari. *A Primeira Missa no Brasil*, 1948. Têmpera sobre tela, 598 × 266 cm.

EDITORAS RESPONSÁVEIS
Rejane Dias
Cecília Martins

REVISÃO
Cecília Martins

CAPA
Diogo Droschi
(Sobre imagem de Adobe Stock)

DIAGRAMAÇÃO
Guilherme Fagundes

Dados Internacionais de Catalogação na Publicação (CIP)
Câmara Brasileira do Livro, SP, Brasil

Rocha, João Cezar de Castro
Exílio como forma : Gonçalves Dias e o dilema brasileiro / João Cezar de Castro Rocha. -- 1. ed. -- Belo Horizonte, MG : Autêntica Editora, 2025.

ISBN 978-65-5928-645-4

1. Dias, Gonçalves, 1823-1864. Canção do exílio 2. Ensaios brasileiros 3. Poetas brasileiros - Crítica e interpretação I. Título.

25-306221.0 CDD-B869.409

Índices para catálogo sistemático:
1. Ensaios : Literatura brasileira : História e crítica B869.409

Eliete Marques da Silva - Bibliotecária - CRB-8/9380

GRUPO **AUTÊNTICA**

Belo Horizonte
Rua Carlos Turner, 420
Silveira . 31140-520
Belo Horizonte . MG
Tel.: (55 31) 3465 4500

São Paulo
Av. Paulista, 2.073, Conjunto Nacional
Horsa I . Salas 404-406 . Bela Vista
01311-940 . São Paulo . SP
Tel.: (55 11) 3034 4468

www.grupoautentica.com.br
SAC: atendimentoleitor@grupoautentica.com.br

Para João Vicente:
terra sem exílio – finalmente.

Prefácio

Uma imagem-síntese

A aquarela de Jean-Baptiste Debret *Feitors corrigeant des nègres* (*Feitores castigando negros*) condensa numa imagem-denúncia o espectro que ronda a história do Brasil: a desigualdade extrema que conduz à naturalização da violência exercida no espaço público. Ausência de constrangimento cuja justificativa desumaniza o outro: o corpo torturado é o de um escravizado, isto é, alguém que teve negado o direito humano mais elementar – o *habeas corpus*. Reduzido à condição de propriedade de um senhor, o corpo do escravizado não mais lhe pertence. Nem mesmo Hegel poderia sublimar a brutalidade dessa dialética; nenhuma torção lógica dará conta de tal barbárie, *Aufhebung* alguma superará o horror dessa condição.

No conforto assegurado pela distância, o filósofo de Iena concebeu a dialética do Senhorio e da Servidão. Na formulação do capítulo IV da *Fenomenologia do Espírito*, cujo título vale por volumes, "A verdade da certeza de si mesmo", a difícil aritmética do reconhecimento pelo avesso depende de um passo preliminar: "A consciência-de-si é *em si e para si* quando e por que é em si e para si para uma Outra; quer dizer, só é como algo reconhecido".[1]

[1] Hegel, Georg Wilhelm Friedrich. *Fenomenologia do Espírito*. Tradução de Paulo Meneses, com a colaboração de Karl-Heinz Efken

O tema atravessa a história intelectual do Ocidente e se refere à essência da ordem política, que só é concebível por meio da luta constante pelo reconhecimento do Outro, sem o qual o sujeito não se constitui plenamente.[2] Em termos diretos: *sociedade política alguma pode ser criada* sem a possibilidade de que o sujeito seja reconhecido pelo Outro; no mínimo, sem a liberdade de lutar por esse reconhecimento – eis aí o móvel mesmo da organização social. O sujeito só existe *socialmente* na medida em que sua subjetividade é reconhecida pelos demais; aqui, a tautologia deixa de ser mera redundância.

Segundo passo da dialética hegeliana: "a consciência independente para a qual o ser-para-si é a essência; outra, a consciência dependente para a qual a essência é a vida, ou o ser para um Outro. Uma é o *senhor*, outra é o *escravo*".[3] Polos diametralmente opostos bem definidos, a dialética do Senhor e do Escravo transforma-se na prova dos nove da filosofia política, pois, suprimida qualquer possibilidade de autodeterminação, a própria ideia de política perderia

---

e José Nogueira Machado. 2. ed. Petrópolis: Vozes; Universidade São Francisco, 2022, p. 142, grifo do autor.

[2] Um ensaio muito importante para elucidar o ponto: "A dialética do Senhor e do Escravo aflora na superfície do texto de Hegel a partir desse veio muito profundo ou dessa experiência fundadora que configura as sociedades ocidentais desde a sua aurora grega como sociedades políticas, ou seja, sociedades constituídas em torno da luta pelo reconhecimento, oscilando entre os polos da *physis* que impele a particularidade do interesse e do desejo, e do *nomos* que rege a universalidade do consenso em torno do bem reconhecido e aceito" (Vaz, Henrique C. de Lima. Senhor e Escravo: uma parábola da filosofia ocidental. *Síntese Nova Fase*, Rio de Janeiro, v. 8, n. 21, jan./abr. 1981, p. 8).

[3] Hegel, *Fenomenologia do Espírito*, *op. cit.*, p. 147, grifos do autor.

sentido.[4] Por isso, no final da primeira seção do capítulo, "Independência e dependência da consciência-de-si: dominação e escravidão", Hegel encontrou um meio de salvar a pólis de sua negação absoluta:

> No entanto, o formar não tem só este significado positivo, segundo o qual a consciência escrava se torna para si um *essente* como puro *ser-para-si*. Tem também um significado negativo frente a seu primeiro momento, o medo. Com efeito: no formar da coisa, torna-se objeto para o escravo sua própria negatividade, seu ser-para-si, somente porque ele suprassume a *forma* essente oposta. Mas esse *negativo* objetivo é justamente a essência alheia ante a qual ele tinha tremido. Agora, porém, o escravo destrói esse negativo alheio, e *se* põe, como tal negativo, no elemento do permanecer: e assim se torna, *para si mesmo*, um *para-si-essente*.[5]

Em princípio, o filósofo não se deteve numa condição histórica determinada na formulação da célebre dialética do Senhor e do Escravo, mas, antes, concebeu uma matriz de caráter antropológico. No conflito sem trégua pelo reconhecimento do outro, duas consciências se digladiaram, e a consciência que foi vencida pelo medo da morte foi escravizada. A consciência que não se submeteu, pelo contrário,

---

[4] "No século XVIII, a escravidão havia se tornado a metáfora fundamental da filosofia política ocidental, conotando tudo o que havia de mau nas relações de poder. A liberdade, sua antítese conceitual, era considerada pelos pensadores iluministas o valor político supremo e universal" (Buck-Morss, Susan. Hegel e o Haiti. Tradução de Sebastião Nascimento. *Novos Estudos*, 90, jul. 2011, p. 131).

[5] Hegel, *Fenomenologia do Espírito*, *op. cit.*, p. 150, grifos do autor.

assumiu o senhorio. Com o passar do tempo, contudo, sempre nos termos hegelianos, o escravizado adquire nova consciência por meio do trabalho que deveria apenas aliená-lo; paulatinamente ele entende seu poder transformador da natureza, sua capacidade produtiva, e por isso é levado a questionar sua condição, abrindo caminho para destruir "esse negativo alheio" e, finalmente, pôr-se a si mesmo, ou seja, ganhar autodeterminação, "e assim se torna, *para si mesmo*, um *para-si-essente*". O Senhor só sabe ser Senhor se mantiver o Outro no papel do Escravo; já o Escravo, assim como molda a natureza com seu esforço, pode também moldar-se a si mesmo, ganhando liberdade, independendo-se de seu Senhor. Surpreendentemente, na dialética hegeliana, o potencial plástico do Escravo supera os limites rígidos do Senhor. Os polos opostos serviram à colocação da tese e da antítese como pontos de partida da reflexão, muito embora a proximidade da Revolução Haitiana desempenhasse um papel relevante no imaginário do tempo e certamente tivesse impressionado o autor da *Fenomenologia do Espírito*. É o que propôs Susan Buck-Morss, numa observação inovadora: "Hegel sabia – sabia dos escravos reais que eram bem-sucedidos em sua revolta contra seus senhores reais – e elaborou sua dialética do senhorio e da servidão deliberadamente no quadro de seu contexto contemporâneo".[6]

(O Haiti é aqui; o Haiti não é aqui.)

O escravizado da aquarela de Debret não se conforma à dialética hegeliana. A brutalidade do cenário somente seria alterada pela construção de um mundo alternativo,

[6] Buck-Morss, Hegel e o Haiti, *op. cit.*, p. 143.

um mundo outro; numa palavra – *quilombo*. Repare bem na cena: no primeiro plano, o suplício domina o olhar do espectador. O feitor, cujo corpo agigantado, desproporcional até, oprime a imagem, teve o requinte de tirar o chapéu e o casaco para se concentrar plenamente em sua tarefa; por certo, não deseja suar excessivamente. Banalidade do mal antecipada em pouco mais de um século na figura desse Adolf Eichmann dos tristes trópicos. O capataz tortura o homem negro como quem troca mercadorias no mercado mais próximo. Hannah Arendt poderia acrescentar: enquanto chicoteia o escravizado, o algoz talvez esteja pensando no que comerá no almoço. Ou em suas outras obrigações cotidianas, nas tribulações de um pai de família.

(Brasil, meu Brasil brasileiro, meu mulato inzoneiro, vou cantar-te nos meus versos.)

No chão, encontra-se um homem com as mãos e os pés manietados por uma espécie de pau de arara, instrumento retomado pela ditadura militar em 1964 na repressão aos adversários políticos; aliás, pau de arara que ainda hoje é empregado em delegacias em todo o país e que vitimiza em sua maioria homens pobres e negros; claro, sem esquecer os "quase brancos, quase pretos de tão pobres", na crítica certeira de Caetano Veloso. Mais do que "apenas" indefeso, o homem foi imobilizado e não tem como se proteger – apenas pode cerrar os olhos, contrair os lábios, tensionar o corpo e esperar que o castigo seja breve. Seu corpo já se encontra lacerado, uma enorme ferida corta fundo e parece expor o nervo do escravizado – o cerne do dilema brasileiro sangra na carne desse homem tornado coisa, puro objeto, animalizado.

(A ameaça do eterno retorno que descortina inesperadamente um aspecto negligenciado nas leituras da "Canção do exílio" – essa dialética manca, cuja antítese foi violentamente suprimida.)

No canto direito da tela, uma cruel mímesis espelha a cena de origem da civilização brasileira. Outro escravizado, amarrado a uma árvore com cordas apertadas que laceram sua carne enquanto atam seu corpo ao tronco. O sadismo tem método, como a loucura de Hamlet para Polônio. O príncipe da Dinamarca finge ter enlouquecido para melhor investigar as circunstâncias da morte do pai, o rei Hamlet. Polônio, conselheiro do novo rei, Claudius, tenta decifrar o móvel das ações erráticas do príncipe e, ao interrogá-lo, recebe respostas aparentemente insensatas, porém muito agudas. Intrigado com o paradoxo tipicamente shakespeariano da loucura visionária, Polônio sussurra perplexo: "Embora isso seja loucura, possui certo método".[7]

De volta à cena de origem, uma diferença ainda mais cruel sublinha o castigo: são outros corpos negros, semivestidos, sempre descalços, que dele se encarregam. Um homem negro brande o chicote contra um corpo desnudo; dois outros homens negros observam numa inusitada hierarquia das vestes – quanto mais distante do supliciado, mais coberto se encontra o corpo. De fato, além de completamente vestido, o quarto homem negro usa chapéu. Jogo sutil entre o cru e o cozido, natureza e cultura, barbárie e civilização, não surpreende que a paisagem seja composta pela exuberância

---

[7] Shakespeare, William. *A tragédia de Hamlet, príncipe da Dinamarca*. Tradução de Lawrence Flores Pereira. São Paulo: Penguin; Companhia das Letras, 2015, p. 95.

da natureza local, como se a violência da cultura dela fizesse parte, tão nativa quanto as palmeiras que se destacam no cenário. Vizinhos ao castigo, numa casa rústica, provavelmente a senzala, outros escravizados parecem conversar, indiferentes à tortura que se desenrola diante de seus olhos. A inversão dos termos se impõe na pergunta cuja resposta não desejamos enfrentar: a naturalização da violência que inaugura a cultura. Questão que enuncia uma crítica corrosiva da sociedade que normalizou o horror cotidiano.

Jean-Baptiste Debret, primo do célebre pintor oficial da corte de Napoleão Bonaparte, Jacques-Louis David, é o autor da aquarela. Integrante da Missão Artística Francesa que aportou no Rio de Janeiro em 1816 com a tarefa de ensinar aos brasileiros o modelo "adequado" de representação da natureza tropical e de si mesmos. Encargo demasiadamente oficial que não supunha a produção de certas aquarelas que compõem o livro *Viagem histórica e pitoresca ao Brasil*, publicado prudentemente após sua volta à França em 1831. São autênticas aquarelas-denúncia, cujo impacto é diretamente proporcional ao choque provocado pela naturalização da violência que estruturava o dia a dia da colônia prestes a se independer, mas não a transformar as relações sociais. Naquela altura, talvez só um estrangeiro pudesse expor a barbárie que fundou a civilização brasileira. Décadas se passaram e no romance-revolução *Memórias póstumas de Brás Cubas*, publicado incialmente na *Revista do Brasil* em 1880, e em livro no ano seguinte, Machado de Assis já podia dar ao tema um tratamento único, por meio do "dilema de Prudêncio" – uma chave possível para a leitura dos impasses que ainda hoje vivemos.

Numa anamnese interessada, o defunto autor evoca o exercício precoce da tirania na pele do menino Brás

Cubas em sua perversidade sobre o moleque Prudêncio, isto é, uma criança escravizada. Os dois termos usados no romance, menino e moleque, sintetizam a rigorosa hierarquia que nunca abandonou a relação entre os dois. O arbítrio é agravado pela naturalização:

> Prudêncio, um moleque de casa, era o meu cavalo de todos os dias; punha as mãos no chão, recebia um cordel nos queixos, à guisa de freio, eu trepava-lhe ao dorso, com uma varinha na mão, fustigava-o, dava mil voltas a um e outro lado, e ele obedecia, – algumas vezes gemendo, – mas obedecia sem dizer palavra, ou, quando muito, um – "ai, nhonhô!" – ao que eu retorquia: – "Cala a boca, besta!".[8]

Coisificado, objeto dos caprichos do futuro senhor de direito, mas já um cruel sinhozinho de fato, o moleque só podia lamentar-se – e ainda assim em voz baixa. Brás aprendeu a ser severo e impiedoso desde a mais tenra idade. Prudêncio não podia senão sonhar com a improvável alforria, sem poder sequer denunciar as torturas diárias que sofria. Remotas, pois, as chances de converter-se em ser "*para si mesmo*, um *para-si-essente*". Mas não se esqueça da lição do filósofo popular Johnny Alf: "talvez, quem sabe, o inesperado faça uma surpresa". A liberdade veio e

---

[8] Assis, Machado de. *Memórias póstumas de Brás Cubas*. In: *Obra Completa*. Vol. I. Rio de Janeiro: Nova Aguilar, 2021, p. 612. Na passagem imediatamente anterior, o menino Brás Cubas revelou-se um torturador-mirim: "um dia quebrei a cabeça de uma escrava, porque me negara uma colher do doce de coco que estava fazendo, e, não contente com o malefício, deitei um punhado de cinza ao tacho, e, não satisfeito da travessura, fui dizer à minha mãe que a escrava é que estragara o doce 'por pirraça'; e eu tinha apenas seis anos".

o escravizado tornou-se homem livre – pobre, porém livre. Mas, como você certamente terá antecipado, a dialética hegeliana não se consumou de todo.

Alforriado, Prudêncio finalmente deixou o círculo de ferro dos caprichos de seu senhor-menino. Porém, um dia o caminho dos dois se reencontrou. A passagem é longa, mas indispensável para que se entenda o verdadeiro impasse que ainda não fomos capazes de superar e que, com sensibilidade ímpar, Gonçalves Dias apontou na "Canção do exílio". Na prosa desavergonhada de Brás Cubas:

> [...] era um preto que vergalhava outro na praça. O outro não se atrevia a fugir; gemia somente estas únicas palavras: – "Não, perdão, meu senhor; meu senhor, perdão!" Mas o primeiro não fazia caso, e, a cada súplica, respondia com uma vergalhada nova.
> – Toma, diabo! dizia ele; toma mais perdão, bêbado!
> – Meu senhor! gemia o outro.
> – Cala a boca, besta! replicava o vergalho.
> Parei, olhei... Justos céus! Quem havia de ser o do vergalho? Nada menos que o meu moleque Prudêncio – o que meu pai libertara alguns anos antes. Cheguei-me; ele deteve-se logo e pediu-me a bênção; perguntei-lhe se aquele preto era escravo dele.
> – É, sim, nhonhô.
> – Fez-te alguma coisa?
> – É um vadio e um bêbado muito grande. Ainda hoje deixei ele na quitanda, enquanto eu ia lá embaixo na cidade, e ele deixou a quitanda para ir na venda beber.
> – Está bom, perdoa-lhe, disse eu.
> – Pois não, nhonhô. Nhonhô manda, não pede. Entra para casa, bêbado![9]

[9] *Idem*, p. 669.

A dicção deliberadamente cínica apenas torna o trecho mais doloroso, um involuntário raio-X da escravidão como o elemento determinante da sociedade brasileira – e isso muito depois do 13 de maio de 1888, claro está.

Fratura exposta em dupla direção.

De um lado, embora fosse um homem livre, Prudêncio reproduziu o sistema escravocrata pela outra ponta: comprou um escravizado. Foi além: como se revivesse a aquarela-denúncia de Jean-Baptiste Debret, castigava o seu passado sem piedade aparente, antes com o maldisfarçado sentimento de vingança própria na dor alheia. E no espaço público, afirmando sua nova condição diante de olhares indiferentes, mas sádicos, voyeuristas. Os elos se estabelecem dolorosamente na perpetuação do algoz e na multiplicação de vítimas. Na psicanálise improvisada do narrador: "Era um modo que o Prudêncio tinha de se desfazer das pancadas recebidas, – transmitindo-as a outro".[10] A tal ponto o homem alforriado permaneceu refém do passado que chegou ao detalhe de reproduzir as palavras do menino Brás ao admoestar o escravizado a quem castigava, "– *Cala a boca, besta*! replicava o vergalho". Já o defunto autor lançou mão de uma metonímia coisificadora, como se Prudêncio fosse apenas o objeto do suplício: *replicava o vergalho*. Por isso, não hesitou em recorrer a um anacrônico pronome possessivo, dada a nova condição de homem livre de Prudêncio: *o meu moleque*. E tanto o moleque não pôde quanto o escravizado da cena não podia se defender; no máximo, eles recorreram a gemidos, exatamente como o homem da aquarela de Debret apenas podia esperar por uma sessão breve de tortura.

---

[10] *Idem*, p. 669.

De outro lado, a cena corta ainda mais fundo e é quase insuportável. Não apenas o moleque-escravizado se converteu numa mímesis imperfeita do menino-senhor, como manteve os ouvidos dóceis à sua voz. A lembrança da dicção do menino Brás infantiliza o homem Prudêncio, que retorna a um uso limitado da língua, marca d'água de uma posição social vulnerável: "– Pois não, nhonhô. Nhonhô manda, não pede". A sutileza da escrita salta aos olhos e vira pura corrosão. A ordem usual da frase em português seria, "Nhonhô não pede, manda". Prudente, o homem alforriado inverte os termos para melhor se ajustar à equação escravocrata: "Nhonhô *manda*, não pede". Leitura que deveria inquietar o público leitor oitocentista. Mas não se esqueça da cronologia: em 1881, a escravidão *ainda era* o regime econômico dominante no Brasil. E muito mais o era em 1843, ano de composição da "Canção do exílio" – não se esqueça desse dado histórico.

(Infante, em latim *in fans*, é aquele que não fala. Ou que somente articula palavras com a permissão do *pater*.)

Retorno à aquarela de Debret: no fundo da tela, no canto esquerdo, uma trindade insuspeita. Talvez herética? Três silhuetas de escravizados, três choupanas e três palmeiras. Aliás, também há palmeiras na encosta do morro que emoldura a cena. Como associar todos esses elementos num todo orgânico? Como dar conta da óbvia contradição, da complexa superposição de fatores? Minha aposta, neste ensaio, depende de uma leitura particular da "Canção do exílio".

(Minha terra tem palmeiras, não é mesmo? Mas também Palmares.)

Advertência

Bento Santiago, personagem-narrador da obra-prima de Machado de Assis, *Dom Casmurro*, ideou um projeto ousado: "O meu fim evidente era atar as duas pontas da vida, e restaurar na velhice a adolescência".[11] Felizmente, fracassou no intento, pois, se tivesse sido bem-sucedido, não leríamos suas memórias. Mais modesto, me inspiro no propósito alheio para esclarecer um ponto que talvez conduza a mal-entendidos.

Num já distante século, publiquei meu primeiro livro, *Literatura e cordialidade*. Nesse esforço inicial, buscava me afastar do que então denominei de "arqueologia da ausência".[12] Pensava numa modalidade de ensaísmo que fosse além da mera observação do que não houve, não se realizou ou não se alcançou na formação histórica brasileira. A lista é extensa, menciono poucos exemplos: o processo de modernização seria, antes, uma quimera; a construção de uma sociedade solidária e justa nunca foi sequer uma possibilidade real; o fortalecimento de instituições democráticas jamais foi prioridade. Em lugar dessa coleção pouco modesta de falhas e de irrealizações,

---

[11] Assis, Machado de. *Dom Casmurro*. In: *Obra Completa*. Vol. I, *op. cit.*, p. 907.

[12] A arqueologia da ausência "consiste numa avaliação das produções culturais que se baseia na identificação da ausência deste ou daquele elemento, ao invés da análise dos fatores que efetivamente definem o produto cultural estudado" (Rocha, João Cezar de Castro. *Literatura e cordialidade:* o *público e o privado na cultura brasileira*. Rio de Janeiro: EDuERJ, 1998, p. 79). No ano seguinte, o livro recebeu o Prêmio Mário de Andrade, concedido pela Biblioteca Nacional.

apostei na força da intuição antropológica, descrevendo estruturas discursivas e estratégias retóricas, associando-as a práticas sociais e a contextos históricos. Desse modo, almejava substituir a ingenuidade teórica da melancolia do ausente pela identificação de sintomas-chave a serem explorados analiticamente. Gesto simples, mas que revelava o que permanecera implícito em boa parte do pensamento social brasileiro, isto é, a comparação da experiência brasileira com modelos acriticamente considerados universais, "superiores". Sem apostar na ilusão do excepcionalismo, minha perspectiva consistia em reconstruir a lógica própria à sociabilidade desenvolvida no território-Brasil.

Neste livro, é bem verdade, sublinharei uma "ausência" surpreendente na "Canção do exílio". Mas, atenção!, não se trata de uma arqueologia entristecida do que *não foi*, mas de uma etnografia textual que observa o que *não se permitiu que fosse*, o que *não se desejou que ocorresse*. Portanto, menos do que "falha", projeto; menos do que "impasse involuntário", dilema constitutivo – até mesmo volitivo, se a rima não soasse aqui deselegante.

(Importa reiterar: minha terra tem palmeiras. E Sabiá. Mas por que não Palmares?)

CANÇÃO DO EXILIO*

Kennst du das Land wo die Citronen blühen,
Im dunkeln Laub die Gold-Orangen glühen,
Kennst du es wohl? — Dahin, dahin!
Möcht'ich—ziehn.

Göthe.

Minha terra tem palmeiras,
Onde canta o Sabiá;
As aves, que aqui gorgeião,
Não gorgeião como lá.

Nosso céo tem mais estrellas,
Nossas varzeas tem mais flores,
Nossos bosques tem mais vida,
Nossa vida mais amores.

Em scismar — sósinho — á noite —
Mais prazer encontro eu lá;
Minha terra tem palmeiras,
Onde canta o Sabià.

Minha terra tem primores,
Que taes não encontro eu cá;
Em scismar — sósinho — á noite —
Mais prazer encontro eu lá;
Minha terra tem palmeiras,
Onde canta o Sabiá.

Não permitta Deos que eu morra,
Sem que eu volte para lá;
Sem que eu desfructe os primores
Que não encontro por cá;
Sem qu'inda aviste as palmeiras,
Onde canta o Sabiá.

Coimbra — Julho 1843.

---

* Quando eu compuz esta canção, ou como melhor se chame, tinha apenas visto algumas das Provincias do Norte do Brazil.

Um poema

Em julho de 1843, um jovem brasileiro, em vésperas de completar 20 anos, estudante de Direito na Universidade de Coimbra, escreveu um poema para a posteridade, no instante em que, por assim dizer, o país autônomo ainda não contava 21 anos:

> *Kennst du das Land, wo die Citronen blühen,*
> *Im dunkeln Laub die Gold-Orangen glühn,*
> *Kennst du es wohl? – Dahin, dahin!*
> *Möcht ich – ziehn.*[13]
> Goethe

Minha terra tem palmeiras,
Onde canta o Sabiá;
As aves, que aqui gorjeiam,
Não gorjeiam como lá.

Nosso céu tem mais estrelas,
Nossas várzeas têm mais flores,
Nossos bosques têm mais vida,
Nossa vida mais amores.

---

[13] Mantenho a alteração dos versos de Goethe, tal como adaptados por Gonçalves Dias: "Conheces o país onde florescem os limoeiros,/ Em meio à folhagem escura ardem os pomos de ouro, [...]/ Não a conheces? – Para lá, para lá,/ Quisera – ir" (Goethe, Johann Wolfgang von. *Os anos de aprendizado de Wilhelm Meister*. Tradução de Nicolino Simone Neto. São Paulo: Editora 34, 2006, p. 151).

Em cismar – sozinho – à noite –
Mais prazer encontro eu lá;
Minha terra tem palmeiras,
Onde canta o Sabiá.

Minha terra tem primores,
Que tais não encontro eu cá;
Em cismar – sozinho – à noite –
Mais prazer encontro eu lá;
Minha terra tem palmeiras,
Onde canta o Sabiá.

Não permita Deus que eu morra,
Sem que eu volte para lá;
Sem que disfrute os primores
Que não encontro por cá;
Sem qu'inda aviste as palmeiras,
Onde canta o Sabiá.[14]

O poeta estreante, Gonçalves Dias, nomeou o poema adamicamente "Canção do exílio", batizando, ainda que sem sabê-lo, uma experiência de pensamento, que, a partir de seus versos, plasmou um traço propriamente brasileiro: *o exílio como forma paradoxal de identidade*. A sincronicidade merece ser reiterada: o Brasil tornou-se formalmente independente no dia 7 de setembro de 1822, apenas um ano antes do nascimento do poeta, ocorrido em 10 de agosto de 1823. No momento da composição do poema-ícone da

[14] Dias, Gonçalves. Canção do exílio. *Primeiros Cantos*. In: *Gonçalves Dias: Poesia e prosa completas.* Organização de Alexei Bueno. Rio de Janeiro: Nova Aguilar, 1998, p. 105-106. A epígrafe foi reproduzida como o poeta a citou. O poema foi citado de acordo com a primeira edição, que pode ser aqui apreciada: https://tinyurl.com/mwjn22ua. Acesso em: 20 out. 2025.

nacionalidade, contavam praticamente a mesma "idade" – promessa de nação e poesia emergente. Fenômeno similar voltou a ocorrer com Machado de Assis, o nome decisivo da literatura brasileira na segunda metade do século XIX.[15] Nascido em 1839, no ano anterior à assunção de Pedro II ao trono do Império, em 1840, com escassos 14 anos. Um Imperador adolescente para um Império sem conquistas militares. No ano anterior ao nascimento do autor de *O alienista*, fundou-se o Instituto Histórico e Geográfico Brasileiro (IHGB), em 21 de outubro de 1838, "Debaixo da imediata proteção de S. M. I, o Senhor D. Pedro II". Centro de estudos superiores num país sem universidade, o IHGB tinha como propósito esboçar mapas, amealhar documentos, publicar inéditos, escrever memórias, organizar arquivos, a fim de pavimentar a rota acidentada da afirmação da nacionalidade dada a proximidade do passado colonial. Numa das contradições tão características da história brasileira, a mesma dinastia que colonizou o país proclamou a Independência e governou o território-continente até 1889: a Casa de Bragança. Em 2 de dezembro de 1837, fundou-se o Colégio Pedro II, com o propósito de formar a elite dirigente do futuro Império. O Segundo Reinado (1840-1889) assistiu à emergência de um sistema intelectual e artístico propriamente dito e com o concurso direto de Pedro II, por meio de financiamentos concedidos a projetos e bolsas oferecidas a artistas e intelectuais. Alexandre Herculano observou:

---

[15] Para uma análise das relações entre os dois autores, ver: Marques, Wilton José. Machado de Assis & Gonçalves Dias: encontros e diálogos. In: *O poeta do lá*. São Carlos: EDUFSCAR, 2014, p. 97-116.

> É geralmente sabido que o jovem imperador do Brasil dedica todos os momentos que pode salvar das ocupações materiais de chefe do Estado ao culto das letras. [...] Não notais nestas tendências do jovem príncipe um símbolo do presente, e uma profecia consoladora acerca do porvir do Brasil?".[16]

Por sua vez, a obra do autor de *Esaú e Jacó* caminhou em paralelo a esse processo: ela se adensou à proporção que a vida literária se configurava, o público leitor se afirmava e as instituições culturais principiavam a destacar-se na paisagem nacional.

Após a conclusão do poema, o poeta deve ter pensado na epígrafe mais adequada para sua apresentação na incipiente República das Letras nacional. Autêntico pórtico do ato de leitura que o Romantismo elevou ao estatuto de arte, a epígrafe servia para tornar público o repertório dos autores, índice preciso de afinidades eletivas e de rivalidades inconfessadas. Gonçalves Dias começou a estudar alemão no mesmo ano da escrita do poema. Pode-se imaginar o orgulho do aluno aplicado (e criativo) na escolha dos versos para emoldurar a "Canção do exílio", aqui transcritos tal qual aparecem nos *Primeiros Cantos*:

---

[16] Herculano, Alexandre. Futuro literário de Portugal e do Brasil (1847). In: *Gonçalves Dias: Poesia e prosa completas.* Organização de Alexei Bueno. Rio de Janeiro: Nova Aguilar, 1998, p. 99. Ao que parece, o motivo foi destacado com frequência por escritores portugueses. Veja-se outro exemplo: "O imperador do Brasil, monarca tão notável pela sua moderação e sisudez política, como pela sua inteligência, instrução e amor às letras" (Mendonça, A. P. Lopes de. A. Gonçalves Dias. In: Moreira, Maria Eunice (Org.). *Gonçalves Dias e a crítica portuguesa no século XIX.* Lisboa; Porto Alegre: CLEPUL-Universidade de Lisboa; PUC-Rio Grande do Sul, 2010, p. 109).

Kennst du das Land, wo die Citronen blühen,
Im dunkeln Laub die Gold-Orangen glühn,
Kennst du es wohl? – Dahin, dahin!
Möcht ich – ziehn.[17]

A "Balada de Mignon", livremente apropriada pelo poeta brasileiro, foi extraída do romance de Goethe que inaugurou todo um gênero, o *Bildungsroman*: *Os anos de aprendizado de Wilhelm Meister* (1796). No metro rígido de Augusto Meyer: "[...] transcreve Gonçalves Dias, a título de epígrafe, um trecho da *Balada de Mignon*, recortado com a maior liberdade na primeira estrofe".[18] O indício deve ser esclarecido: apropriar-se de um *romance de formação* para forjar o poema paradoxal de uma nacionalidade definida precariamente pelo advérbio *ainda* – *ainda* não; *ainda* em curso – equivale à redação do mais precioso ensaio das décadas iniciais do país independente, comparável apenas aos *Projetos para o Brasil*, de José Bonifácio de Andrada e Silva, conhecido como o Patriarca da Independência.[19] Em boa medida, o que aqui se diz

---

17 Nesta citação mantive a forma adotada por Gonçalves Dias nos *Primeiros Cantos*, embora ela contenha imprecisões reveladoras de seu projeto literário.

18 Meyer, Augusto. Sobre uma epígrafe. In: *A chave e a máscara*. Rio de Janeiro: Edições O Cruzeiro, 1964, p. 95. Adiante, reproduzirei a citação na íntegra.

19 Recomendo uma leitura inovadora da contribuição de José Bonifácio: "A língua portuguesa, que teve em Camões sua primeira grande expansão pelo contato produtivo com o latim, deveria repetir a experiência no que se refere ao grego. Nessa nova tarefa, os brasileiros poderiam assumir a vanguarda, enfrentando preconceitos e enriquecendo a língua com novos recursos expressivos. Não se trata de criar uma língua brasileira, mas de assumir produtivamente

antecipa a direção inovadora da obra de Gonçalves Dias (e, sobretudo, de Machado de Assis):

> Se Camões imita os antigos e italianos, incorpora as passagens no todo, e dá-lhes nova alma e vestido próprio.
> [...]
> Se me acusarem de plagiário direi, com Byron, que não faço escrúpulos de servir-me de pensamentos alheios que me parecem felizes. Quanto Shakespeare não tirou de seus contemporâneos? E quanto o nosso Camões?[20]

O primado da emulação como resposta (produtiva e não angustiada) à circunstância de um passado colonial muito recente constitui uma chave de leitura promissora para reler radicalmente a literatura brasileira, em particular, e as expressões não hegemônicas, em geral.[21] Luciana

---

a herança lusitana e realizar as potencialidades adquiridas ao longo de seu processo de formação" (Araujo, Valdei Lopes de. José Bonifácio, Shakespeare e os gregos: a língua do Brasil e a imagem do Brasil. *Almanack Brasiliense*, v. 4, nov. 2006, p. 90).

20 José Bonifácio de Andrade e Silva. Na primeira citação, "Literatura espanhola e portuguesa" (p. 289); no segundo trecho, "Avulsos" (p. 304). In: *Projetos para o Brasil.* Organização de Miriam Dolhnikoff. São Paulo: Companhia das Letras, 1998.

21 Esbocei essa possibilidade em alguns livros; entre eles, *Machado de Assis: por uma poética da emulação* (Civilização Brasileira, 2013; tradução para o inglês: *Machado de Assis: Toward a Poetics of Emulation,* Michigan State University Press, 2015); *Cultures latino-américaines et poétiques de l'émulation. Littérature des faubourgs du monde?* (Éditions Petra, 2015); *Culturas shakespearianas: teoria mimética e os desafios da mímesis em circunstâncias não hegemônicas* (É Realizações, 2017; tradução para o inglês: *Shakespearean Cultures: Latin America and the Challenge of Mimesis in Non-Hegemonic Circumstances*, Michigan State University Press, 2019).

Stegagno Picchio leu o teatro de Gonçalves Dias em registro aparentado: "mantendo um olho em Shakespeare e outro em Racine, queria renovar o repertório teatral brasileiro, assim como Almeida Garrett tinha renovado o português".[22] A grama do vizinho só é mais verde se der frutos no meu jardim – assim diria o Candide de Voltaire, caso fosse crítico literário.[23]

Signos em rotação: o exílio como princípio paradoxal de identidade, o romance de formação como sintoma inesperado, o destino trágico de uma personagem, cuja balada se converte em epígrafe. Podemos ver nessa constelação a metonímia do dilema brasileiro? A "Canção" de Gonçalves Dias é bem um jardim de muitos caminhos que se bifurcam em direções múltiplas. "O escritor brasileiro e a tradição" – como se estivéssemos diante da antecipação do célebre ensaio de Jorge Luis Borges "El escritor argentino y la tradición".[24]

Começo mapeando a recepção do poema, em busca das coisas ocultas desde a fundação do mundo-Brasil.

---

[22] Picchio, Luciana Stegagno. *La letteratura brasiliana*. Milano: Edizioni Academica, 1972, p. 176.

[23] Você se recorda, tenho certeza, da conclusão da novela de Voltaire: "'Isso está bem falado', respondeu Cândido, 'mas é preciso cultivar o nosso jardim'" (Voltaire. *Cândido, ou o otimismo*. Tradução de Mário Laranjeira. São Paulo: Penguin; Companhia das Letras, 2021, p. 128).

[24] O repertório em contínua expansão de Gonçalves Dias recorda o princípio borgiano: "*Por eso repito que no debemos temer y que debemos pensar que nuestro patrimonio es el universo: ensayar todos los temas, y no podemos concretarnos a lo argentino para ser argentino*" (Borges, Jorge Luis. El escritor argentino y la tradición. *Obras completas*: 1923-1972. Buenos Aires: Emecé, 1974, p. 273-274).

Um sintoma

Em janeiro de 1847, apareceu o livro de estreia do jovem talentoso, *Primeiros Cantos*, cujo título tanto revela a ambição de seu projeto literário quanto insinua o traço existencial do desterro na vida do poeta, conforme se depreende do "Prólogo da primeira edição":

> Dei o nome de *Primeiros Cantos* às poesias que agora publico porque espero que não serão as últimas.
> [...]
> Não têm unidade de pensamento entre si, porque foram compostas em épocas diversas – debaixo de céu diverso – e sob a influência de impressões momentâneas. Foram compostas nas margens viçosas do Mondego e nos píncaros enegrecidos do Gerez – no Doiro e no Tejo – sobre as vagas do Atlântico, e nas florestas virgens da América.[25]

A previsão se confirmou: Gonçalves Dias, em sua vida relativamente curta, produziu uma obra extensa e variada. Em primeiro lugar, a poesia ocupou o centro de suas preocupações, e, seguindo à risca o modelo do tempo, o jovem estudante de Direito assumiu plenamente o figurino do poeta romântico, tornando o dia a dia um prolongamento existencial de sua poética, como sugere o fecho do "Prólogo":

> O esforço – *ainda* vão – para chegar a tal resultado é sempre digno de louvor; talvez seja este o só merecimento

[25] Dias, Gonçalves. Prólogo da primeira edição. *Primeiros Cantos*, *op. cit.*, p. 103, grifo meu. O prólogo traz a data de julho de 1846, ano atribuído à publicação, embora seu aparecimento tenha efetivamente ocorrido em janeiro de 1847.

> deste volume. O Público o julgará; tanto melhor se ele o despreza, porque o Autor interessa em acabar com essa vida desgraçada, que se diz de Poeta.[26]

(*Ainda*: o advérbio-ameaça é infatigável.)

O Público, assim substantivado, dedicou ao Poeta apreço até então desconhecido na literatura brasileira: sua consagração foi imediata e nunca cessou. O que, por certo, não o impediu de seguir trajando o costume romântico da melancolia como forma de vida. Gonçalves Dias escreveu peças de teatro; dedicou-se com afinco a estudos históricos e etnográficos; em arquivos na Europa, coligiu documentos atinentes à história pátria; preparou "Memórias" para o Instituto Histórico e Geográfico Brasileiro, como *Brasil e Oceania*, apresentada em 1852;[27] em 1858 deu à luz o *Dicionário da Língua Tupi chamada Língua Geral dos Indígenas do Brasil*,[28] obra que por si só asseguraria sua imortalidade na literatura brasileira.[29] Ele terminou sua redação em Viena, em 1857 e, ao justificar no "Prefácio" certa decisão que tomou, reiterou os laços profundos que o ligavam à cultura

---

[26] *Ibidem*, grifo meu.

[27] Para um exame da Memória, ver: Kodama, Kaori. O tupi e o sabiá: Gonçalves Dias e a etnografia do IHGB em Brasil e Oceania. *Fênix: Revista de História e Estudos Culturais*, v. 4, ano IV, n. 3, p. 1-14, 2007.

[28] Uma versão digital desse precioso trabalho pode ser aqui consultada: https://tinyurl.com/svr33ku7. Acesso em: 24 out. 2025.

[29] Livro recente acentua a pluralidade da obra de Gonçalves Dias: Werkema, Andréa Sirihal; Marques, Wilton José (Orgs.). *"A ideia como paixão": Gonçalves Dias pela crítica contemporânea*. São Paulo: Alameda, 2023.

alemã. O poeta reconheceu lacunas em seu esforço, porém alegou não dispor de tempo, tampouco de condições ideais (o drama da vida intelectual nos tristes trópicos vem de longe!), para aperfeiçoar a obra como desejava:

> Para que o trabalho me saísse menos incompleto, bem sei que deveria ter feito outras e mais largas confrontações; mas na atualidade falta-me para isso tempo, nem me permite esperar, o receio de perder um Manuscrito, que me representa o emprego de tantas horas. É ainda este o motivo por que, conquanto reconheça a justeza das observações que me fez o Dr. Peters, da Universidade de Berlim, não posso, por enquanto, seguir o seu conselho – de dar aos caracteres do nosso alfabeto o valor fônico, que vai sendo hoje em dia admitido para as línguas não escritas, de modo que tais sons pudessem com mais facilidade ser reproduzidos por todos, que não somente aqueles que conhecem o português.[30]

[30] Dias, Gonçalves. *Dicionário da Língua Tupi, chamada Língua Geral dos Indígenas do Brasil.* Lípsia: F. A. Brockhaus, 1858, p. vii. Não tratarei do tema, mas anoto sua relevância. Um único exemplo: em 1873, José de Alencar escreveu um relato autobiográfico. Sua confissão comove pelo ambiente intelectual limitado que revela: "Nosso repertório romântico era pequeno; compunha-se de uma dúzia de obras, entre as quais primavam a *Amanda e Oscar*, *Saint-Clair das Ilhas*, *Celestina* e outros de que já não me recordo. Essa mesma escassez [...]". Metonímia selvagem dessa precariedade foi o destino do primeiro romance escrito por Alencar em sua juventude: "um desalmado hóspede, todas as noites quando queria pitar, arrancava uma folha que torcia a modo de pavio e acendia na vela. Apenas escaparam ao incendiário alguns capítulos em dois canhenhos, cuja letra miúda a custo se distingue no borrão de que a tinta, oxidando-se com o tempo, saturou o papel. Tinha esse romance por título – *Os Contrabandistas*" (Alencar, José de. Como e por que sou romancista. In: *O Guarani. Romance brasileiro*. Rio de Janeiro: José Olympio, 1953, p. 56 e p. 65-66).

(Eu sou apenas um poeta brasileiro, talvez tenha pensado. Um rapaz latino-americano, pois.)

A presença tutelar de Goethe na "Canção do exílio" não é um evento isolado na imaginação literária de Gonçalves Dias: a cultura alemã sempre foi importante para o poeta brasileiro. O fato merece destaque. No cenário pós-Independência, a hegemonia francesa era a regra, e assim permaneceu até o final da II Grande Guerra, em 1945, quando principiou a difusão da cultura norte-americana, muito embora tenham sido necessárias pelo menos duas décadas para que o novo padrão se tornasse dominante. A ampliação de horizontes culturais foi sempre a marca d'água em instantes de ruptura no sistema intelectual brasileiro. Ao romper com a padronização da vida do pensamento, a renovação de repertório tem caráter transgressor. Na década de 1870, a Escola do Recife enfrentou a centralidade cultural da Corte no Rio de Janeiro opondo ao francês falado à perfeição – e, por isso mesmo, provincianamente – o alemão aprendido com esforço beneditino por Tobias Barreto, o arauto da revolução intelectual de dicção germanófila. Nas palavras do autodidata:

> O duplo fato extraordinário de ser eu o primeiro brasileiro que tem no Brasil a ousadia de servir-se duma língua de cultura para dizer verdades amargas a respeito da pobreza mental do país. [...] os críticos patrícios são incapazes – pois todos são marionetes franceses, eles pensam, bebem, riem, choram, espirram, pigarreiam e cospem à francesa – são incapazes, repito, de compreender-me.[31]

---

[31] Barreto, Tobias. O Brasil como ele é considerado do ponto de vista literário (1876). In: *Monografias em alemão*. Rio de Janeiro;

Sem a mesma verve polêmica, e sobretudo desejoso de ser entendido pelos seus pares, Machado de Assis também se distinguiu pelo esforço constante de ampliação do repertório literário e linguístico. Encontrou inspiração para seu primeiro romance, *Ressurreição*, numa máxima aprendida em *Measure for Measure*, citada no original:

> Minha ideia ao escrever este livro foi pôr em ação aquele pensamento de Shakespeare:
>
> *Our doubts are traitors,*
> *And make us lose the good we oft might win,*
> *By fearing to attempt.*
>
> Não quis fazer romance de costumes; tentei o esboço de uma situação e o contraste de dois caracteres; com esses simples elementos busquei o interesse do livro.[32]

Brasília: Record; Instituto Nacional do Livro, 1990, p. 55. No fecho do "Preâmbulo", o polemista tornou-se humilde: "Se resta algo para explicar, então é pedir desculpas ao leitor pelos inevitáveis erros linguísticos, tão comuns a um estrangeiro e autodidata" (p. 59).

[32] Assis, Machado de. *Ressurreição*. In: *Obra Completa*. Vol. I, *op. cit.*, p. 233. No último capítulo, o escritor traduziu parte da citação: "Dispondo de todos os meios que o podiam fazer venturoso, segundo a sociedade, Félix é essencialmente infeliz. A natureza o pôs nessa classe de homens pusilânimes e visionários, a quem cabe a reflexão do poeta: 'perdem o bem pelo receio de o buscar'." (p. 307). Para uma tradução completa da passagem: Lúcio – "Não passam de traidores nossas dúvidas,/ que nos privam, por vezes, do que fora/ nosso, se não tivéssemos receio/ de tentá-lo [...]" (Shakespeare, William. *Medida por medida*. Tradução de Carlos Alberto Nunes. In: *Teatro completo*. Comédias. Rio de Janeiro: Agir, 2008, p. 533).

O tom bélico retornou no século XX, no campo dos estudos literários, quando Afrânio Coutinho iniciou o *aggiornamento* da crítica por meio da incorporação do universo anglófono, relegando a tradição francesa ao duvidoso modelo, à época decididamente anacrônico, do impressionismo crítico, inspirado no gesto voluntarista de Anatole France, que, aparentemente sem sofrer de mortal *spleen*, afirmava com satisfação sempre se reencontrar nas obras alheias. O mundo tornado espelho de si mesmo: tédio em estado de dicionário.

No Brasil, Gonçalves Dias foi pioneiro no gesto de ampliação de horizontes intelectuais e artísticos, fator que ajuda a entender o êxito imediato dos *Primeiros Cantos.* Em novembro de 1847, ninguém menos do que o grande nome do Romantismo português, Alexandre Herculano, publicou uma avaliação consagradora:

> *Naquele* país de esperanças, cheio de viço e de vida, há um ruído de lavor íntimo, que soa tristemente *cá*, nesta terra onde tudo acaba.
> [...]
> Os *Primeiros Cantos* são um belo livro; são inspirações de um grande poeta. A Terra de Santa Cruz, que já conta outros no seu seio, pode abençoar mais este ilustre filho.
> O autor não o conhecemos; mas deve ser muito jovem.[33]

Com rasíssimas exceções, a fortuna crítica da obra de Gonçalves Dias preservou idêntico tom encomiástico. A leitura generosa de Alexandre Herculano inclui

---

[33] Herculano, Futuro literário de Portugal e do Brasil, *op. cit.*, p. 99, grifos meus.

a oposição adverbial estruturadora da "Canção", muito embora com os sinais trocados. No poema, o *cá* corresponde à terra do exílio, Portugal, e o *lá*, à pátria, o Brasil – à distância de todo um oceano. A nostalgia de Herculano, contudo, projeta-se não no espaço, mas no tempo: a saudade do Império ultramarino nos momentos de apogeu. Em seu artigo, *naquele* evoca a ex-colônia com um futuro promissor à frente, enquanto o *cá* traz à baila a ex-metrópole com um presente muito inferior ao passado. Passagens como a seguinte refletem esse olhar comparativo: "Brasil, império vasto, rico, destinado pela sua situação, pelo favor da natureza, que lhe fadou a opulência, a representar um grande papel na história do Novo Mundo, é a nação infante que sorri: Portugal é o velho aborrido e triste [...]".[34] Gesto comparativo que organiza a "Canção do exílio" e que parece mimetizado na análise de Alexandre Herculano.

A repercussão do artigo foi tremenda. No dia 4 de janeiro de 1848, no jornal publicado em Lisboa, *A Carta*, uma notícia anônima dava conta do impacto: "O juízo que faz das poesias do Sr. Gonçalves Dias não pode ser mais honroso e lisonjeiro".[35] Em livro saído em Portugal

---

[34] *Idem*, p. 98.

[35] Moreira, Maria Eunice. Literatura. In: *Gonçalves Dias e a crítica portuguesa no século XIX*. Lisboa; Porto Alegre: CLEPUL-Universidade de Lisboa; PUC-Rio Grande do Sul, 2010, p. 30. Nas palavras da autora: "Antônio Gonçalves Dias foi assim delineando-se como o romântico brasileiro que maior repercussão obteve em Portugal. Para além de sua movimentada vida entre dois continentes – América e Europa –, deixou um conjunto de versos que entusiasmou leitores e afamados homens de letras de Portugal" (p. 11-12).

em 1855, ao se discutir a obra de poetas brasileiros, encontra-se a referência (no fundo, reverência):

> Os *Primeiros Cantos* do Sr. Antônio Gonçalves Dias revelaram ao Brasil e a Portugal um talento poético superior. A pena do Sr. Alexandre Herculano consagrou num artigo esta brilhante aparição, e o solene batismo do ilustre historiador salvou-o, pelo menos, do prurido de mesquinhas invejas, com que a mediocridade pretende abafar sempre as explosões intelectuais que a deslumbram.[36]

Hoje a alusão talvez soe críptica, mas o entusiasmo de Alexandre Herculano foi fundamental para superar "uma primeira sensação de mal-estar em relação à hegemonia literária de Gonçalves de Magalhães".[37] Entenda-se o contexto: a primeira geração romântica no Brasil foi inaugurada sob a liderança inconteste de Gonçalves de Magalhães. No ano decisivo de 1836, ele publicou *Suspiros poéticos e saudades*, além de capitanear a edição de *Nitheroy, Revista Brasiliense*, órgão de difusão da nova ideia, no qual Magalhães lançou um ensaio com sabor de manifesto programático, "Sobre a história da literatura do Brasil". Ele buscou fundar o teatro nacional romântico com *Antônio José* (1838) e *Olgiato* (1839), e ainda se aventurou pela filosofia, sendo nomeado professor da disciplina em 1838 no Colégio Pedro II. Como se não bastasse, ele foi o homem de letras favorito do Imperador, que viu no malogrado poema épico

---

36 Mendonça, Gonçalves Dias, *op. cit.*, p. 105.

37 Werkema, Andréa Siriha; Marques, Wilton José. Apresentação. In: Werkema; Marques, "*A ideia como paixão*", *op. cit.*, p 10.

Confederação dos Tamoios (1856) a obra que definiria nada menos do que a essência da nacionalidade. Para a tristeza de Pedro II, com a exceção de alguns poucos intelectuais áulicos, ninguém concordou com o juízo, e o público ignorou o esforço beneditino do poeta, ao contrário da consagração imediata do autor de *Meditação*.[38] Não é tudo: na "Canção do exílio", Gonçalves Dias deu forma propriamente poética a temas e tropos apresentados por Gonçalves de Magalhães no poema "O dia 7 de setembro, em Paris".

(Calma! Espere só um pouco e chegaremos *lá*. Por enquanto, continue *aqui*.)

Ultrapassado esse obstáculo nada lírico do *prurido de mesquinhas invejas*, um reconhecimento tornou-se rapidamente unânime: o poeta maranhense foi o primeiro homem de letras a mesclar com êxito erudição e espontaneidade, estudo da tradição literária e vivência da realidade brasileira, domínio da forma e tratamento próprio de imagens consagradas. Outra vez, o cotejo mais justo evoca o nome de Machado de Assis. Nos dois casos, a tradição não se transformou em fardo, pois ambos souberam adaptá-la a seus projetos, além de se dedicarem com afinco à leitura da produção de seus

[38] Numa definição perfeita, embora severa, da obra de Gonçalves de Magalhães: "Palavroso, abstrato, cheio de boas intenções, Magalhães, mediocridade aplicada, teve o estranho poder de reunir ideias e chavões românticos à mais rançosa forma clássica" (Pereira, Lúcia Miguel. *A vida de Gonçalves Dias: contendo o Diário Inédito da Viagem de Gonçalves Dias ao Rio Negro*. Rio de Janeiro: José Olympio, 1943, p. 115).

pares.[39] Penso no estudo clássico e inspirador de W. J. Bates, e sua preocupação com o peso do passado: "essa ansiedade cumulativa e a pergunta que se apresenta diretamente ao poeta e ao artista: *O que restou para ser feito*?".[40] Machado de Assis ofereceu uma alternativa: se o escritor aprende a ver seu ofício como uma tarefa de emulação constante, o dilema se converte em promessa e ele "pode ir buscar a especiaria alheia, mas há de ser para temperá-la com o molho de sua fábrica".[41] Nesse registro, qualquer noção de "angústia da influência" torna-se involuntariamente cômica.[42] É preciso pertencer a uma cultura hegemônica para vislumbrar uma corrida de cavalos no universo da estética, um inusitado octógono para um vale tudo de autores. Em certas residências na terra, o que importa para valer é a *produtividade da influência*, isto é, a capacidade onívora de assimilar o que quer que seja, desde que a alquimia não hegemônica seja bem-sucedida na transformação do alheio em adubo.

Recorde-se o ensaio biográfico de Manuel Bandeira, publicado em 1952. Eis como um dos maiores poetas do

---

[39] Anoto futuro projeto: estudar como os impasses vividos na assimilação do *burden of the past* por autores como José Albano e Teixeira e Sousa foram convertidos em método crítico de leitura e de escrita, e sobretudo de leitura, por Gonçalves Dias e Machado de Assis.

[40] Bates, Walter Jackson. *The Burden of the Past and the English Poet*. New York: Norton, 1970, p. 3, grifos do autor.

[41] Assis, Machado de. Antônio José. In: *Obra Completa*. Vol. II. Rio de Janeiro: Nova Aguilar, 2021, p. 688.

[42] Refiro-me ao ensaio de Harold Bloom *The Anxiety of Influence: A Theory of Poetry* (2. ed. Oxford: Oxford University Press, 1997).

século XX sintetizou os anos de formação do autor de "Canção do Tamoio":

> Nem se limitava a versar as matérias do curso jurídico: aprofundava-se no conhecimento dos clássicos portugueses, da literatura francesa, iniciava-se no estudo do inglês e de sua literatura. Em 41, entusiasmado com a voz da cantora Violeta Gazzeroli, que ouviu no Teatro São Carlos, começa a estudar o italiano, e dois anos depois principia a aprender o alemão.[43]

O autor de *A cinza das horas* foi um tradutor renomado, assim como um profundo conhecedor da tradição literária, tendo sido pioneiro no ensino e na difusão da literatura hispano-americana no Brasil. Como poucos, Bandeira estava preparado para valorizar a combinação somente em aparência paradoxal de um poeta exemplarmente romântico, porém estudioso sério não só dos clássicos de seu idioma, como também de outras literaturas. O refinamento com que praticou a arte da epígrafe esclarece o horizonte generoso de suas leituras, assinalando a paixão que sempre dedicou aos estudos.[44] Artista que nunca descuidou da artesania, Gonçalves Dias tinha ouvidos privilegiados para forjar a musicalidade dos seus versos e olhos treinados para obedecer à disciplina da métrica. Senhor das mais variadas

---

[43] Bandeira, Manuel. A vida e a obra do poeta. In: *Gonçalves Dias: Poesia e prosa completas*, *op. cit.*, p. 20.

[44] Numa obra de referência, encontramos a observação acurada: "o poeta, nele, se completou pelo homem de estudos, já então pelo historiador, mais tarde pelo etnógrafo. Nenhum antagonismo entre essas tendências do espírito" (Pereira, *A vida de Gonçalves Dias*, *op. cit.*, p. 89).

formas da tradição, sentia-se à vontade compondo canções de assimilação imediata ou emulando a lírica portuguesa nas elaboradas "Sextilhas de Frei Antão". No "Prólogo" aos *Últimos Cantos* (1851), na forma de uma carta a Alexandre Teófilo de Carvalho Leal, o poeta reuniu os dois polos com precisão; mostrando que talento e disciplina, inspiração e suor, recepção culta e êxito popular não são rivais, porém complementares (mais uma vez, idêntica lição foi aprendida por Machado de Assis):

> Se as minhas pobres composições não foram inteiramente inúteis ao meu país; se algumas vezes tive o maior prazer que me foi dado sentir – a mais lisonjeira recompensa a que poderia aspirar, – de as ouvir estimadas pelos homens da arte, daqueles, que segundo o poeta, porque a entendem, a estimam, e repetidas por aquela classe do povo, que só de cor as poderia ter aprendido, isto é, dos outros que a compreendem, porque a sentem, porque a adivinham [...].[45]

Na mesma direção, o poeta e ensaísta Antonio Carlos Secchin ampliou o escopo do repertório do poeta, certamente incomum em qualquer latitude:

> Gonçalves Dias: enormes inteligência, sensibilidade e erudição abrigadas num pequeno corpo de 1,50m. Filho natural de comerciante português e de mestiça, ele, de ascendência indígena, e muito provavelmente de sangue também africano, dominava, além do idioma luso, o francês, o inglês, o espanhol, o italiano, o alemão e o latim. Integrou comissões de etnografia,

---

[45] Dias, Gonçalves. *Últimos Cantos*. In: *Gonçalves Dias: Poesia e prosa completas*, *op. cit.*, p. 369.

com pesquisas de campo no Rio Negro. Escreveu *O Brasil e a Oceania*. Elaborou um dicionário da língua tupi.[46]

É importante mencionar o movimento intelectual que empolgou a cidade de São Luís do Maranhão a partir da década de 1840 e que perdurou por décadas. Entre muitos, destaquem-se os nomes de João Francisco Lisboa, político, historiador e jornalista, autor do *Jornal de Timon*; Odorico Mendes, poeta e sobretudo tradutor de Virgílio e Homero, traduções cuja criatividade foi resgatada no século XX por Haroldo e Augusto de Campos, fundadores da Poesia Concreta; Sotero dos Reis, jornalista, poeta e pedagogo, autor do *Curso de literatura portuguesa e brasileira*. José Veríssimo exaltou precisamente "a coexistência simultânea nesse mesmo torrão brasileiro de um grupo de intelectuais, como ora dizemos, que por mal dela e de nossa pátria jamais se repetiria. Console-se o Maranhão: também à Atenas, que lhe deram por antonomástico, nunca jamais lhe voltou o tempo de Péricles".[47] Tal ambiente foi muito importante na juventude de Gonçalves Dias.

O poeta favorecido por Alexandre Herculano trouxe no hibridismo de estilos uma novidade em seu meio. Tome-se, aliás, como modelo dessa mescla de erudito e popular o poema que encantou o severo historiador e poeta português, "uma das mais mimosas composições

---

[46] Secchin, Antonio Carlos. Gonçalves Dias: poesia e etnia. In: *Percursos da poesia brasileira: do século XVIII ao XXI*. Belo Horizonte: Autêntica; Editora UFMG, 2018, p. 63.

[47] Veríssimo, José. *História da literatura brasileira*. Rio de Janeiro: Topbooks, 1998, p. 245-246.

líricas, que tenho lido na minha vida".[48] O autor de *Eurico, o Presbítero* (1844) pensava em "Seus olhos". O poema de Édouard Turquety, "Heure d'amour", forneceu a epígrafe. O destaque ficou para o verso que sublinha a força magnética de "*tes grands yeux*".[49] O emprego de epígrafes também atendia ao esforço do poeta de obter, junto ao futuro leitor, "legitimidade, a seus olhos, aos versos de um jovem estudante brasileiro expatriado e pouco conhecido do público tanto em seu país de origem quanto em Portugal".[50]

Leiamos as primeiras e as últimas estrofes do poema para sentir como o brasileiro se assenhoreou do motivo para criar um ritmo irresistível de balada:

---

[48] Herculano, Alexandre. Futuro literário de Portugal e do Brasil (1847). In: *Gonçalves Dias: Poesia e prosa completas, op. cit.*, p. 100.

[49] Os versos citados por Gonçalves Dias: "*Oh! rouvre tes grands yeux, dont la paupiére tremble,/ Tes yeux pleins de langueur;/ Leur regard est si beau quand nous sommes ensemble!/ Rouvre-les; ce regard manque à ma vie, il semble/ Que tu fermes ton coeur*" ("Oh! Abra de novo os seus grandes olhos, cujas pálpebras tremem,/ Olhos repletos de languidez;/ O olhar deles é tão bonito quando estamos juntos!/ Abra-os de novo; esse olhar faz falta à minha vida, é como se/ Você fechasse o seu coração" – tradução de Bluma Vilar). O poema, "Heure d'amour", foi publicado em 1834 no livro *Amour et foi*. Édouard Turquety forneceu tema para epígrafe de quatro composições de *Primeiros Cantos*: "A Escrava", "O mar", "O templo" e "Seus olhos". Ver Pamboukian, Mateus Roman. A Queda de Satanás: Gonçalves Dias transluciferador de Turquety. In: *Cadernos de tradução*, Florianópolis, v. 42, n. 1, p. 1-17, 2022. https://doi.org/10.5007/2175-7968.2022.e77636.

[50] Peres, Marco Flamínio. Paisagem sublime e paixão: Gonçalves Dias leitor crítico de Turquety. In: Werkema; Marques, "*A ideia como paixão*", *op. cit.*, p. 237.

Seus olhos tão negros – tão belos – tão puros –
De vivo luzir,
Estrelas incertas, que as águas dormentes
Do mar vão ferir;

Seus olhos tão negros – tão belos – tão puros –
Têm meiga expressão,
Mais doce que a brisa, – mais doce que o nauta
De noite cantando, – mais doce que a frauta
Quebrando a solidão.

[...]

Eu amo seus olhos tão negros – tão puros –
De vivo fulgor;
Seus olhos que exprimem tão doce harmonia,
Que falam de amores com tanta poesia,
Com tanto pudor.

Seus olhos tão negros – tão belos – tão puros –
Assim é que são;
Eu amo esses olhos que falam de amores
Com tanta paixão.[51]

Entende-se bem o alumbramento de Alexandre Herculano com a sonoridade, por assim dizer, espontânea; efeito obtido com maestria técnica pelo jovem estreante. Em 1763, outro brasileiro, Domingos Caldas Barbosa, viajou a Coimbra para estudar, mas preferiu enfeitiçar a corte de Lisboa com seus lundus e modinhas, que executava com uma singela viola de arame. A cadência dos

[51] Dias, Gonçalves. Seus olhos. *Primeiros Cantos, op. cit.*, p. 131-132. Recupero os travessões que constavam na primeira edição e que foram substituídos por vírgulas na edição da Nova Aguilar.

versos, a musicalidade da composição e a singularidade da performance lhe deram uma popularidade até então inédita, como se prenunciasse o sucesso vindouro da música popular brasileira no exterior. Traços estilísticos apenas esboçados em suas canções foram plenamente desenvolvidos por Gonçalves Dias: "Pela espontaneidade do estilo e simplicidade da forma, Domingos Caldas Barbosa bem merece um lugar de relevo entre os nossos pré-românticos".[52] Machado de Assis tocou na mesma tecla:

> Não será também certo que a popularidade de Gonçalves Dias acha raízes mais profundas nas suas belas estâncias rimadas do que nas que o não são, e que é maior o número dos que conhecem a *Canção do Exílio* e o *Gigante de Pedra*, do que os que leem os quatro cantos dos *Timbiras*?[53]

Alguns poemas de Gonçalves Dias sugerem o acompanhamento de uma lira ou de um violão bem brasileiro.[54] Para recordar o verso definitivo de Mário de Andrade, do poema "O trovador", é como se um tupi tangesse um alaúde.

---

[52] Barbosa, Francisco de Assis. Caldas Barbosa, poeta da "Viradeira". In: *Viola de Lereno: poesia*. Organização de Suetônio Soares Valença. Rio de Janeiro: Civilização Brasileira; Instituto Nacional do Livro, 1980, p. 13.

[53] Assis, Machado de. A nova geração (1879). In: *Obra completa*. Vol. III. Rio de Janeiro: Nova Aguilar, 2021, p. 1235.

[54] Por isso, embora faça ressalvas à tradução de Giuseppe Ungaretti, Luciana Stegagno Picchio reconhece: "A tradução de Ungaretti, com as suas escolhas questionáveis [...] possui, no entanto, um valor que somente um poeta poderia conferir ao texto de outro poeta: conservar, não importa o custo, a musicalidade do original" (Picchio, *La letteratura brasiliana*, *op. cit.*, p. 178-179).

Há uma surpreendente e sutil linha de continuidade, que, num generoso arco temporal, desenha uma genealogia alternativa da cultura brasileira. Essa possível vereda principia com *A Carta do Achamento*, na qual Pero Vaz de Caminha anotou, com encanto indisfarçável, o fundo musical que presidiu o encontro das culturas, rapidamente transformado em violência e desprezo vitimário.[55] Como uma forma própria de performance, penso na *Viola de Lereno*[56] e no abre-alas de Chiquinha Gonzaga; experiência tornada urbana com Noel Rosa, aprofundada na batida do violão de João Gilberto, espraiada nas canções e nos romances de Chico Buarque de Hollanda ou nos ensaios e nas canções de José Miguel Wisnik. Pensemos ainda na personagem Vidinha e seu violão, em *Memórias de um sargento de milícias*, de Manuel Antônio de Almeida; no malógrado Pestana, de "Um homem célebre", e no melancólico maestro Romão, de "Cantiga de esponsais" (esse anunciador de João Gilberto!),

---

[55] Cito uma passagem significativa: "Passou-se então para a outra banda do rio Diogo Dias, que fora almoxarife de Sacavém, o qual é homem gracioso e de prazer. E levou consigo um gaiteiro nosso com sua gaita. E meteu-se a dançar com eles, tomando-os pelas mãos; e eles folgavam e riam e andavam com ele muito bem ao som da gaita. Depois de dançarem fez-lhes ali muitas voltas ligeiras, andando no chão, e salto real, de que se eles espantavam e riam e folgavam muito" (Caminha, Pero Vaz de. *Carta a El-Rei D. Manuel*. Introdução, organização de texto, glossário, bibliografia e índices de Leonardo Arroyo. São Paulo: Dominus, 1963, p. 49).

[56] Destaque-se a popularidade da obra: "*Viola de Lereno*, de Domingos Caldas Barbosa, teve, sem dúvida, grande número de leitores ao tempo de seu aparecimento e nos anos subsequentes. Isto se deve ao fato de a obra ter sido editada cinco vezes em menos de trinta anos" [1798, 1806, 1813, 1819, 1825] (Valença, Suetônio Soares. A viola de Lereno. In: *Viola de Lereno*, *op. cit.*, p. 25).

contos de Machado de Assis; ou no Ricardo Coração dos Outros, de *Triste fim de Policarpo Quaresma*, de Lima Barreto. Aliás, a lista é potencialmente interminável. Paro por aqui ou teria de escrever outro livro. Contudo, não me furto a sublinhar uma observação aguda de Manuel Antônio de Almeida, no primeiro volume das *Memórias de um Sargento de Milícias*. Ao tratar das festas populares, fez uma anotação para a posteridade:

> Fazia gosto passear por entre eles, e ouvir aqui a anedota que contava um conviva de bom gosto, ali a modinha cantada naquele tom apaixonadamente poético que faz *uma das nossas raras originalidades*, apreciar aquele movimento e animação que geralmente reinavam. Essa era a parte (permitam-nos a expressão) verdadeiramente divertida do divertimento.[57]

Na década de 1850, essa passagem equivale a um futuro ensaio do pensamento social brasileiro ao assinalar a centralidade da música popular na definição da identidade nacional. Sílvio Romero, em 1888, analisou a contribuição de Domingos de Caldas Barbosa enfatizando esse ponto: "[...] ouvir numa vila do interior, ao som do violão, ao descambar das tardes tropicais, uma dulcíssima voz de moçoila lânguida e inflamável, cálida e apaixonada, cantar despretensiosa e doidamente".[58]

---

[57] Almeida, Manuel Antônio de. *Memórias de um sargento de milícias*. Organização de Therezinha Marinho. Rio de Janeiro: Instituto Nacional do Livro; Ministério da Educação e Cultura, 1969, p. 194.

[58] Romero, Sílvio. *História da literatura brasileira*. Tomo 1. Organização de Luiz Antônio Barreto. Rio de Janeiro; Aracaju: Imago; Universidade Federal de Sergipe, 2001, p. 291.

(O que é que a música popular tem?)

Retorno à poesia de Gonçalves Dias.

O sucesso absoluto de público da "Canção do exílio" também se relacionou com essa vocação musical. Em ensaio de grande penetração, Cesare Segre identificou a estrutura musical do poema:

> [...] o uso dos versos recorrentes na canção atualiza uma estrutura "em fuga". [...] Lembre-se que a "fuga" nasce do desenvolvimento do "ricercar"; e este poema de G.D. nada mais é que uma procura de todas as possibilidades evocativas implícitas nos dois versos iniciais.
> A dignidade da *canção* reside talvez, em parte preponderante, nesta sua natureza de "fuga", mesmo porque os valores musicais são bem calculados, inclusive nas modificações de posição dos acentos nas redondilhas.[59]

A medida do êxito pode ser encontrada na sua reescrita ainda no momento da primeira recepção, num movimento de apropriação que não mais se interrompeu, como Joshua Alma Enslen demonstrou em seu livro, um incontornável material de pesquisa, *Song of Exile: a Cultural History of Brazil's*

---

[59] Segre, Cesare. A "Canção do exílio" de Gonçalves Dias ou as estruturas do tempo. In: *Os signos e a crítica*. Tradução de Rodolfo Ilari e Carlos Vogt. São Paulo: Perspectiva, 1974, p. 168. Essa sensibilidade musical já se vislumbrava na observação: "Mesmo num teclado tão reduzido, G.D. realiza uma certa *variatio*" (p. 155). Para um estudo da contribuição de Cesare Segre, ver: Salomão, Sonia Netto. Cesare Segre e o Brasil: a permanência de uma opção crítico-metodológica. *Discurso: Revista Internacional de Semiótica y Teoría Literaria*, v. 19, n. 20, p. 205-222, 2007.

Most Popular Popular Poem, 1846-2018.[60] É como se a "Canção do exílio" fosse o poema-sol da literatura brasileira, pois, centro de todo um sistema, ativou um sem-número de recriações. Somente um ano após o lançamento dos *Primeiros Cantos*, em janeiro de 1848, o *Correio da Tarde* deu a público uma versão bem-humorada dos versos de Gonçalves Dias:

> Minha terra tem silvados
> Onde canta o rouxinol,
> Onde canta a toutinegra
> E o cuco no pôr do sol.
>
> [...]
>
> Em cismar sozinho à noite
> Que prazer eu tenho lá!
> Minha terra é um paraíso,
> Que não encontro por cá![61]

---

[60] Para que se tenha ideia da importância e originalidade da metodologia empregada na pesquisa: "No entanto, somente nos últimos anos, com a disseminação de ferramentas computacionais para análise textual e o desenvolvimento de arquivos on-line disponíveis para pesquisa, tornou-se possível ter uma visão abrangente da rica história intertextual do poema. Com base na análise de 500 intertextos que abrangem mais de 170 anos, este livro explora a evolução da 'Canção do exílio' na cultura impressa brasileira, catalogando as redes de suas reinvenções ao longo das gerações e discutindo sua importância como o poema mais popular do Brasil" (Enslen, Joshua Alma. *Song of Exile: a Cultural History of Brazil's Most Popular Popular Poem, 1846-2018.* West Lafayette, Indiana: Purdue University Press, 2022, p. 1).

[61] Essa e outras informações e reflexões encontram-se em Marques, Wilton José. O poema e a metáfora. *Revista Letras*, Curitiba: Editora UFPR, n. 60, p. 79-93, 2003, republicado no livro *O poeta do lá*. São Carlos: EDUFSCAR, 2014, p. 11-26. A paródia encontra-se citada na página 24.

Impressiona que, mesmo nesse exercício lúdico sem maiores consequências ou ambições, a oposição adverbial assuma protagonismo – lá!/cá! –, como indício de uma experiência de pensamento; autêntica esfinge do dilema brasileiro. É bem verdade que essa apropriação precoce é um tanto desajeitada: o ponto de exclamação, logo após o advérbio de lugar, é não somente deselegante, como também desnecessariamente agressivo, fazendo com que se perca a atmosfera de melodia bossa-nova da "Canção do exílio" – o anacronismo deliberado do Pierre Menard borgiano é mesmo um método inovador de leitura.[62] Registre-se um ponto sutil. Nada mais difícil de emular do que a simplicidade dos versos de Gonçalves Dias. Na miríade de reescritas da "Canção do exílio" brilha a forma do original – quase sempre as paródias, pastiches e inclusive homenagens pecam pelo excesso, introduzindo tanto imprecisos sinais de pontuação quanto adjetivos ociosos. Luciana Stegagno Picchio acertou no alvo: a força do poema se sustenta "em sua elegância formal, na busca pela expressão direta, na recusa do adjetivo banal".[63] É revelador que tais acréscimos entorpeçam o rimo da leitura.

---

[62] No final do conto, Borges inventa o método justo para renovar a leitura da tradição: "*la técnica del anacronismo deliberado y de las atribuciones erróneas. Esa técnica de aplicación infinita nos insta a recorrer la Odisea como si fuera posterior a la Eneida y el libro* Le jardín du Centaure de *Madame Henri Bachelier como si fuera de Madame Henri Bachelier. Esta técnica puebla de aventura los libros más calmosos. Atribuir a Louis Ferdinand Céline o a James Joyce la* Imitación de Cristo, *¿no es una suficiente renovación de esos tenues avisos espirituales?*" (Borges, Jorge Luis. Pierre Menard, el autor del Quijote. In: *Obras completas: 1923-1972*, *op. cit.*, p. 450).

[63] Picchio, *La letteratura brasiliana*, *op. cit.*, p. 177.

Não importa: a oposição adverbial sublinha o elemento decisivo do poema na formulação de um princípio paradoxal de nacionalidade – o desterro como território lírico inesperado. Se essa primeira paródia revela a força do poema no imaginário brasileiro, impressiona o mapeamento da onipresença da "Canção do exílio" na constituição da ideia de pátria, projeto inconcluso de nação.[64] A tradição do ensaísmo tornou esse traço propriamente estrutural à experiência brasileira.

Uma relação sucinta, deliberadamente nada exaustiva, demonstra a centralidade dos versos de Gonçalves Dias na criação da "comunidade imaginada" no Brasil oitocentista, para retomar os termos do ensaio clássico de Benedict Anderson.[65] Uma maneira econômica de apresentar o conceito consiste em recordar a célebre palestra de Ernst Renan "O que é uma nação?", na qual se encontra uma formulação exata:

> Uma nação é pois uma grande solidariedade, constituída pelo sentimento dos sacrifícios que fizemos e daqueles que ainda estamos dispostos a fazer. [...] A existência de uma nação é (perdoem-me esta metáfora) um plebiscito cotidiano, como a existência do indivíduo é uma perpétua afirmação da vida. [...] O desejo

---

[64] Consulte-se o interessante projeto Germina, que reúne recriações da "Canção do exílio": https://tinyurl.com/ymwcjsa7. Acesso em: 9 out. 2025.

[65] "Talvez nada tenha precipitado mais essa busca, nem a fez mais fecunda, do que o capitalismo tipográfico (*print capitalism*), que tornou possível que um número sempre crescente de pessoas pensasse sobre si mesmas, e se relacionasse de formas radicalmente novas" (Anderson, Benedict R. *Imagined Communities: Reflections on the Origin and Spread of Nationalism*. Londres: Verso, 1983, p. 36).

> das nações é, definitivamente, o único critério legítimo que se deve ter sempre presente.[66]

Esse referendo só pode ter lugar por meio da disseminação de determinadas mensagens dia após dia, levando à internalização coletiva de valores morais e de padrões de comportamento, forjando assim a complexa dialética da memória e do esquecimento que estrutura a reflexão de Renan. No século XIX, a tecnologia dos tipos móveis era o meio de comunicação dominante, praticamente exclusivo. A emergência do capitalismo, em íntima associação com a tecnologia do texto impresso (*print capitalism*), e a importância crescente das literaturas vernáculas favoreceram o fenômeno do nacionalismo no século XIX. O poema de Gonçalves Dias é o momento decisivo do nacionalismo literário.

> A "Canção do exílio" é de longe o poema mais popular de todos os tempos no Brasil. Escrito em Coimbra, Portugal, em 1843, pelo estudante brasileiro Antônio Gonçalves Dias, milhares de autores, canônicos ou não, imitaram seus versos românticos para glorificar as maravilhas da nação brasileira, sua cultura e geografia, enquanto outros tantos o parodiaram para criticar o Brasil, expondo uma infinidade de problemas da nação.[67]

Vejamos um pequeno número de recriações do poema, enfatizando, numa constelação potencialmente infinita, poemas que evoquem o dilema brasileiro.

---

[66] Renan, Ernst. O que é uma nação? In: Rouanet, Maria Helena (Org.). *Cadernos da Pós/Letras*, n. 19: Nacionalidade em questão. Rio de Janeiro: PPGL/UERJ, 1997, p. 40-41.

[67] Enslen, *Song of Exile*, *op. cit.*, p. 1.

O poeta Casimiro de Abreu, nome de destaque da segunda geração do Romantismo, não resistiu à sombra frondosa de Gonçalves Dias e, quando se encontrava em Lisboa, escreveu duas "Canção do exílio", em 1855 e 1857. Adiante, destacarei um elemento de seus versos. De imediato, concentro-me na letra do Hino Nacional. Extraída de poema de Osório Duque-Estrada, de 1909, incorporou dois versos: "Nossos bosques têm mais vida/ Nossa vida *no teu seio* mais amores". O acréscimo incômodo da explicação "no teu seio", ou seja, no Brasil, evidencia a superioridade da intuição poética de Gonçalves Dias. Impossível supor tal redundância, puramente semântica, sem qualquer efeito estético, na "Canção do exílio". De igual modo, o colar de adjetivos que emoldura o Hino Nacional cria involuntariamente uma espécie de anti-Canção. Leia-se a estrofe que alude ao poema de Gonçalves Dias:

> Do que a terra, mais garrida,
> Teus risonhos, lindos campos têm mais flores;
> "Nossos bosques têm mais vida",
> "Nossa vida" no teu seio "mais amores."

No original, a concisão – "Nossas várzeas têm mais flores" – é um soco no estômago, direto e forte; o ouvinte abre a guarda e assimila com alegria o golpe poético. Na letra do Hino, os substantivos revelam inesperada insegurança, mostrando-se incapazes de sustentação sem as muletas de adjetivos banais e reiterativos: a terra é *garrida*; os campos, *risonhos* e *lindos*. Elegância alguma resiste a um tratamento tão brutal – e nada brutalista. Walnice Nogueira Galvão acertou: "Trata-se de uma fina peça, infelizmente difícil de ser apreciada hoje, após século e meio de camadas superpostas de *kitsch* patrioteiro".[68] Creio que se pode recuperar o vigor da leitura através da *experiência de pensamento* subjacente ao poema. Talvez o "*kitsch* patrioteiro" tenha sido (e continue sendo) o artifício adotado para conjurar o procedimento poético-filosófico de Gonçalves Dias. Aqui, e radicalmente, o *mais* traz à superfície o decisivo *menos* que expõe o caráter incaracterístico da pátria construída com base em operações comparativas. Experiência de pensamento que importa aprofundar: como entender a centralidade da comparação no poema-sintoma da nacionalidade? Por que fundar a identidade nacional em paralelos com o alheio, em lugar de investir na descrição do próprio? O que a comparação deseja encobrir?

("Perguntas sem resposta" é título de poema de Machado de Assis. Não chegarei tão longe, proporei uma possibilidade.)

A "Canção do Expedicionário", composta em virtude da participação de forças militares na Segunda Guerra Mundial, teve sua letra redigida pelo poeta modernista Guilherme de Almeida, que, abandonando a iconoclastia definidora das vanguardas históricas, transcreveu dois versos de Gonçalves Dias, numa homenagem em aparência incontornável, embora nem sempre bem-sucedida: "Não permita Deus que eu morra/ Sem que volte para lá".

---

[68] Galvão, Walnice Nogueira. Modernismo: intertextos. In: *Desconversa*. Rio de Janeiro: Editora da UFRJ, 1998, p. 32. Luciana Stegagno Picchio tocou na mesma tecla: "um texto hoje banalizado por uma presença obrigatória em antologias" (*La letteratura brasiliana, op. cit.*, p. 177).

A supressão do pronome pessoal no segundo verso – em Gonçalves Dias, lê-se: "Sem que *eu* volte para lá" – retira do poema a força subjetiva que ilumina sua permanência no imaginário brasileiro. Baixo contínuo da "Canção", o pronome pessoal "eu" aparece 5 vezes nos 24 versos. Nesse detalhe vem à luz o talento do poeta romântico. A letra de Guilherme de Almeida enfileira uma sucessão pouco palatável de clichês; como exemplo único basta transcrever a estrofe que abriga os versos de Gonçalves Dias:

> Por mais terras que eu percorra
> Não permita Deus que eu morra
> Sem que volte para lá
> Sem que leve por divisa
> Esse V que simboliza
> A vitória que virá.[69]

Compreende-se o esvaziamento da subjetividade numa letra que, se incorpora versos da "Canção do exílio", bate continência ao gênero do panegírico sem reservas inaugurado pelo ensaio açucarado de elogio da pátria, *Por que me ufano de meu país*, do Conde Afonso Celso, publicado em 1900. A circunstância da composição favorece o triunfalismo, porém o ponto importante é a perda da sutileza do modelo original.

Já que mencionamos o Modernismo da década de 1920, como não recordar as paródias-homenagem de Oswald de Andrade ("Canto do regresso à pátria"), Murilo Mendes ("Canção do exílio"), Carlos Drummond de Andrade

---

[69] A "Canção do Expedicionário" foi um grande sucesso na voz de Francisco Alves, em gravação de 1944: https://tinyurl.com/2u48m6hf. Acesso em: 25 de set. 2025.

("Nova canção do exílio")? E, inclusive, numa geração posterior, que apareceu na cena literária no final da década de 1960, destacam-se Cacaso ("Jogos florais") e José Paulo Paes ("Canção do exílio facilitada"). Por efeito de contraste, percebe-se a onipresença do poema no imaginário nacional. O que se esconde através dessa fascinação?

(O dilema brasileiro.)

Por fim, já que destacamos a musicalidade cancioneira do poema de Gonçalves Dias como uma das chaves de seu êxito incomum, concluo esta seção trazendo à roda viva da tradição "Sabiá", a música de Chico Buarque de Hollanda e Antônio Carlos Jobim, que venceu o III Festival Internacional da Canção, realizado em setembro de 1968.[70] O Brasil vivia o auge da ditadura militar, e retornar à "Canção do exílio" dava aos versos de Gonçalves Dias uma dicção política, subversiva até. O exílio assumiu uma conotação tristemente dominante na América do Sul das décadas de 1960 e 1970 como exclusão política e cassação da cidadania. Ao escutar a letra, não deixa de ser surpreendente a metamorfose semântica sofrida por versos em sua origem românticos:

---

[70] Leonardo Davino mapeou esse êxito: "Talvez não haja exemplo nas letras brasileiras de poema tão popular como a 'Canção do exílio' de Gonçalves Dias". O autor registra que "um dos primeiros usos do poema na canção popular diz respeito à 'Minha terra tem palmeiras', assinada pela dupla Braguinha e Alberto Ribeiro. Gravada por [...] Carmen Miranda" [Sucesso no carnaval de 1937!] (Oliveira, Leonardo Davino de. As canções de "Canção do exílio". In: Werkema; Marques, "*A ideia como paixão*", *op. cit.*, p. 203 e 207).

Vou voltar
Sei que ainda vou voltar
Vou deitar à sombra
De uma palmeira
Que já não há
Colher a flor
Que já não dá

Palmeira e flor ausentes numa atmosfera irrespirável. Poucos meses após a realização do Festival, o governo brasileiro promulgou o nefando Ato Institucional N° 5, abolindo de vez o verniz de legalidade do regime. Ao suprimir o *habeas corpus* e todos os direitos políticos, o AI-5 abriu caminho para a mais feroz repressão da história republicana, com um saldo traumático de assassinatos e de ocultação de cadáveres de adversários, além da adoção do emprego sistemático de tortura como prática aceita pelo Estado.[71] As ausências que organizam a letra da canção – "Que já não há"/"Que já não dá" – sublinham a potência da "Canção do exílio" para virar de cabeça para baixo a noção edulcorada e ufanista do "Brasil, meu Brasil brasileiro".[72] A repressão política, que não é nada nostálgica, leva ao eclipse, na letra da música, da oposição

---

[71] Nesse tópico, é indispensável a consulta ao livro-denúncia *Brasil: nunca mais*. O prefácio do cardeal Dom Paulo Evaristo Arns termina com uma exortação que tudo diz: "Daí, o nosso apelo ao governo brasileiro, para que assine e ratifique a Convenção Contra a Tortura proposta pela ONU e estampada no final deste livro, todo ele escrito com sangue e com muito amor à Pátria" (Arns, Paulo Evaristo (Org.). *Brasil: nunca mais*. Petrópolis: Vozes, 1985, p. 14).

[72] O primeiro verso do samba-exaltação de Ary Barroso "Aquarela do Brasil", composto em 1939.

adverbial tão característica do modelo original, pois, em 1968, a noção de exílio assumiu uma face muito mais sombria. Contudo, a canção de Chico Buarque e Tom Jobim manteve a ressonância da oposição adverbial no destaque concedido à vogal tônica, preservando a sonoridade dos versos de Gonçalves Dias. É notável que a deliciosa paródia de José Paulo Paes, "Canção do exílio facilitada", mantenha idêntico ritmo, traduzido numa inesperada, por assim dizer, onomatopeia da nacionalidade, cifrada em chave cômica, radicalmente crítica da formação social brasileira:

> lá?
> ah!
>
> sabiá…
> papá…
> maná…
> sofá…
> sinhá…
>
> cá?
> bah![73]

A alusão ao passado escravocrata, que o poema original negligenciou deliberadamente, pois era matéria contraditória à ideia de nacionalidade no século XIX, explode nos termos-chave "papá", "sinhá", e o *dolce far niente* de quem vive no "sofá", usufrui o "maná" e observa com visível tédio o indefectível "sabiá". Pois é: país de tantos

---

[73] Paes, José Paulo. Canção do exílio facilitada. In: *Um por todos* (*poesia reunida*). São Paulo: Brasiliense, 1986, p. 67.

Brás Cubas que ganham seu sustento pelo suor no rosto de outros.[74] Assinale-se ainda o desprezo corrosivo aos termos da oposição adverbial – "lá/ah"; "cá?/bah!" –, tornados meras reiterações retóricas, esvaziados de qualquer sentido além da inevitável redundância. Fascinante, contudo, a intuição poética de Chico Buarque e Tom Jobim e José Paulo Paes, pois acentuam a vogal tônica como chave de releitura da "Canção do exílio".

Na primeira entrada do *Dicionário da Língua Tupi chamada Língua Geral dos Indígenas do Brasil* encontramos uma explicação original para o fato:

> A – vogal, I. antepõe-se a certos verbos servindo em lugar do pronome = *xe* = a primeira pessoa, agente do verbo ou oração. Não se diz: *Xe juca*, mas *A-jucá*, eu mato. Faz nas outras pessoas: *ere*, *o*, *ya*, *oro*, *pe*, *o*. Emprega-se em todos os tempos do indicativo, optativo e permissivo; mas nos do conjuntivo, imperativo e infinitivo antepõe-se-lhe um *T*. Neste caso se deverá dizer *ta* ou por eufonia *tai*. II. No fim da palavra ou oração dá-lhe mais força e soa então como ã. Ex. A-ço-*à*, eis me vou. III. *membri virilis caput*.[75]

A escolha da rima cadenciada pela vogal tônica contém um jogo linguístico que reforça o caráter subjetivo da experiência do exílio e, sobretudo, da percepção da pátria distante. O poeta e ensaísta Cassiano Ricardo,

[74] Refiro-me ao último capítulo das memórias do defunto autor, no qual ele cinicamente celebra: "Verdade é que, ao lado dessas faltas, coube-me a boa fortuna de não comprar o pão com o suor do meu rosto" (Assis, *Memórias póstumas de Brás Cubas*, *op. cit.*, p. 732).

[75] Dias, *Dicionário da Língua Tupi*, *op. cit.*, p. 1.

aliás, tocou nessa tecla, ao destacar o "'á' de sabiá, com o seu sabor de vogal indígena ao fim de cada estância, em agudo".[76] Essa seria uma das razões do caráter "sublime" dos versos, a tal ponto que se trata "de um poema que nem seria necessário transcrever, porque o leitor o sabe de cor. Não haverá outro – ao que se saiba – mais fácil, mais singelo".[77] A reiteração do motivo, mesmo em casos de apropriação paródica, esclarece a maestria superior da fatura poética de Gonçalves Dias. Elogio maior, homenagem até, Cassiano Ricardo fez em sua obra-prima ao incorporar a sonoridade e a oposição adverbial da "Canção do exílio":

> No fim era Pay Pirá
> agarrado ao Paiaguá
> um pra lá, outro pra cá,
> lá e cá... Pralapracá.[78]

Releitura crítica, isto é, olhar que aprenda a se mover *pralapracá*: único caminho para superar o "*kitsch* patrioteiro" em direção ao dilema nacional, cifrado pelo poema-Esfinge do Brasil. Eis o que arrisco neste livro; antes, contudo, vale a pena recordar as principais interpretações inspiradas pelo poema de Gonçalves Dias, pois tais operações críticas constituem momentos decisivos em sua canonização.

---

76 Ricardo, Cassiano. Gonçalves Dias, lírico. In: *O Indianismo de Gonçalves Dias*. São Paulo: Imprensa Oficial; Conselho Estadual de Cultura, 1964, p. 30.

77 *Idem*.

78 Ricardo, Cassiano. O gigante nº 5. In: *Martim Cererê*. 11. ed. (em forma definitiva). São Paulo: Saraiva, 1962, p. 163.

"Canção do exílio" tornou-se o poema-matriz da poesia brasileira tanto por suas qualidades intrínsecas quanto pelo roteiro de consagração preparado desde o aparecimento dos *Primeiros Cantos.*

Mais uma vez, sem pretensão alguma de esgotar a rica fortuna crítica da obra poética de Gonçalves Dias, reconstruirei brevemente o processo de canonização do poema-sintoma da nacionalidade, enfatizando aspectos relacionados aos impasses da formação social brasileira.

(Eu não estou interessado em nenhuma teoria.)

O alfa anunciou o ômega na leitura consagradora de Alexandre Herculano em novembro de 1847. Façamos um salto cronológico de algumas décadas, atravessando o Atlântico. Em 1888, na *História da literatura brasileira*, Sílvio Romero sintetizou sua análise da contribuição do poeta maranhense. O crítico se perguntava sobre o desejo de escrever uma literatura nacional. A questão recorda o "desejo das nações", tal como formulado por Ernst Renan, e posteriormente retomado por Antonio Candido ao definir o propósito da *Formação da literatura brasileira*: "o presente livro constituiu (adaptando o título do conhecido estudo de Benda) uma 'história dos brasileiros no seu desejo de ter uma literatura'".[79]

Sílvio Romero encontrou a resposta exata na obra de Gonçalves Dias:

---

[79] Candido, Antonio. *Formação da literatura brasileira: Momentos decisivos – 1750 a 1880*. Rio de Janeiro: Ouro sobre o Azul, 2007, p. 27.

> [...] Ele estava mais ou menos na altura de seu meio e de seu momento histórico, e esse momento era uma época de entusiasmo e esperanças para este país. O poeta achou a fórmula própria dessas aspirações. Desse *sincronismo* entre o seu sentir e o sentir de sua pátria num momento dado é que lhe vem o mérito e a natureza de sua glória: uma glória plácida e doce, sem ruídos; mas sem abatimentos e eclipses.[80]

Não sei ao certo se uma *glória plácida e doce* seja exatamente um elogio, mas o juízo é apressado, pois as intermináveis reescrituras da "Canção do exílio" sugerem, antes, uma movimentada trajetória, composta não apenas de homenagens e reescritas, mas também de paródias e pastiches, como acabamos de ver no caso divertido porém ácido de José Paulo Paes.

(*Plácida*: guarde bem esta palavra.)

De todo modo, Romero plasmou a noção crítica que se mantém dominante: Gonçalves Dias é o tradutor por excelência do espírito da nação, seu intérprete máximo, à revelia da onipresença do advérbio-ameaça: *ainda*. Ressalva, aliás, que estrutura sua história literária, e que aparece no "Prólogo da primeira edição", marca d'água da reflexão romeriana: "O Brasil é um país *ainda* em vias de formação; nunca é demais esclarecer o seu futuro".[81] O corolário é desalentador: "A nação

---

[80] Romero, *História da Literatura Brasileira.* Tomo 2, *op. cit.*, p. 769, grifo do autor.

[81] Romero, *História da literatura brasileira.* Tomo 1, *op. cit.*, p. 40, grifo meu.

brasileira não tem, pois, em rigor uma forma própria, uma individualidade característica, nem política, nem intelectual".[82] Na visão crítica de Romero, apesar desses obstáculos formidáveis, Gonçalves Dias pôde superá-los em sua obra por encarnar o próprio motor da cultura brasileira – a mestiçagem:

> A história do Brasil, como deve ser hoje compreendida, não é, conforme se julgava antigamente e era repetido pelos entusiastas lusos, a história exclusiva dos portugueses na América. Não é também, como quis de passagem supor o romanticismo, a história dos tupis, ou, segundo o sonho de alguns representantes do africanismo entre nós, a dos negros no Novo Mundo.
>
> É antes a história da formação de um tipo novo pela ação de cinco fatores, formação sextiária em que predomina a mestiçagem. Todo brasileiro é um mestiço, quando não no sangue, nas ideias.[83]

Nessa chave de leitura, Gonçalves Dias é o mestiço por antonomásia, traço que o converteu em expressão acabada da nacionalidade *ainda* em gérmen, cujo ritmo próprio foi ditado pela "Canção do exílio". Em 1908, veio à luz *História da literatura brasileira* de José Veríssimo, que procurava inaugurar uma via oposta para se pensar a literatura nacional. Contudo, muito embora fizesse questão de esclarecer sua diferença com Sílvio Romero, a poesia gonçalvina selou uma trégua inesperada entre os rivais:

---

[82] *Idem*, p. 146.

[83] *Idem*, p. 57.

> Gonçalves Dias é nas nossas letras um dos raros exemplos comprobatórios da falaz teoria da raça. Parece que nele se reuniam as três de que se formou o nosso povo. Seu pai era português de nascimento, a mãe aquilo que chamamos no Norte, donde era, cafuza, isto é, o resultado do cruzamento do índio com o negro. Nasceu em Caxias, no Maranhão, em 1823, da união natural de seu pai com aquela boa mestiça, que lhe foi mãe carinhosa.[84]

Macunaíma oitocentista, o sucesso do poeta parece indissociável dessa circunstância biográfica, que, se rendeu frutos estéticos, na vida prática foi motivo de frustações constantes, devido ao duplo preconceito que sofreu; de um lado, como "filho natural", de outro, como mestiço – preconceito social e racial.[85] Ou, como propõe Jessé Souza, "racismo racial" e "racismo social".[86] Na biografia publicada no ano do centenário da "Canção

---

84 Veríssimo, *História da literatura brasileira*, *op. cit.*, p. 235, grifos meus. Veríssimo praticamente retoma a famosa conceituação proposta por Machado de Assis: *certo sentimento íntimo*, como veremos a seguir.

85 O próprio Veríssimo o reconheceu: o poeta viveu "a amargura do seu nascimento mais do que humilde, o sentimento da sua inferioridade social [...] a recusa da mulher muito amada, por motivo do seu nascimento" (*idem*, p. 241).

86 "[...] no aspecto principal de todo racismo, que é a separação ontológica entre seres humanos de primeira classe e seres humanos de segunda classe. Iremos, no decorrer deste livro, usar o termo 'racismo' não apenas no seu sentido mais restrito de preconceito fenotípico ou racial. Iremos utilizá-lo também para outras formas de hierarquizar indivíduos, classes e países" (Souza, Jessé. *A elite do atraso*: *da escravidão à ascensão da extrema direita*. Rio de Janeiro: Civilização Brasileira, 2025, p. 20).

do exílio", Lúcia Miguel Pereira já havia combinado as duas formas de discriminação, enfatizando o aspecto psicológico da questão:

> Gonçalves Dias não poderia deixar de ter sido profundamente marcado pela mestiçagem [...].
> E sobretudo a sua personalidade se ressentiu de ser, não apenas somática mas socialmente, um tipo de transição, bacharel formado e filho natural, cuja mãe não sabia ler, cujo pai fora um daqueles "tendeiros" que tanto desprezava [...].
> A instabilidade social talvez lhe tenha doído ainda mais do que a racial.[87]

Veríssimo consagrou definitivamente a imagem do poeta como tradutor da essência nacional, pois não deixou de celebrar sua "poesia genuinamente brasileira, não por exterioridade de inspiração ou de forma ou pela intenção dos temas e motivos, mas pelo *íntimo sentimento* do nosso gênio com as suas idiossincrasias e peculiaridades, em suma da psique nacional, foi ele o nosso primeiro e jamais excedido poeta".[88] Outra vez: intérprete da *psique nacional.* O autor dos *Últimos Cantos* (1851) teria sido pioneiro na fixação de traços únicos de uma identidade embrionária. A contradição deve ser assinalada, pois nela reside o dilema brasileiro. Se o poeta foi visto como metonímia da nação que *ainda* se formava, o homem Gonçalves Dias sofreu com o racismo a vida toda, numa metáfora brutal das mazelas que *ainda* (viva o advérbio!) dominam o cotidiano

---

[87] Pereira, *A vida de Gonçalves Dias, op. cit.*, p. 110.

[88] Veríssimo, *História da literatura brasileira, op. cit.*, p. 235.

brasileiro. O elogio da "simplicidade" da "Canção" adquire um tom sombrio; pelo menos, autoriza uma mirada cínica. Na leitura ufanista, a "Canção do exílio" expressaria o núcleo da brasilidade: quanto mais simples, mais autêntico – assim reza essa cartilha. No entanto, numa interpretação alternativa, nada solar, quanto mais simples, mais fácil ocultar o que não se deseja revelar. Contudo, até mesmo nesse minimalismo lírico, o dilema brasileiro domina a cena.

Aurélio Buarque de Holanda repisou o motivo, mas com função diversa: "Essa simplicidade será uma das razões mais seguras da boa fortuna da 'Canção'. Pela altura de 1943 ocorreu o centenário dela: viu-se ainda que estava bem viva, a ponto de ter recebido festas em sua honra".[89] Caso único na literatura brasileira: um poema ser objeto de celebração! Como parte das festividades, publicou-se a fundamental biografia de Lúcia Miguel Pereira, *A vida de Gonçalves Dias*. O incêndio só cresce: nos festejos não ocorreu a nenhum leitor apaixonado do poema a pergunta necessária: mas, afinal, nos 24 versos da "Canção do exílio", *onde se encontra o povo brasileiro?*

(Espere um pouco e oferecerei uma resposta – amiga, me perdoa se eu insisto à toa.)

Manuel Bandeira também destacou a penetração do poema: "Tão grande foi a popularidade alcançada por esses versos, que os dois primeiros vieram a ser aproveitados como

---

[89] Holanda, Aurélio Buarque de. À margem da "Canção do exílio". In: *Território lírico: ensaios*. Rio de Janeiro: O Cruzeiro, 1958, p. 25. Texto originalmente publicado em 1944.

tema de uma cantiga de roda alagoana".[90] Em sua história literária, Sílvio Romero valorizou esse fator como nenhum outro. Recorde-se seu estudo da onipresença de Domingos Caldas Barbosa no imaginário oitocentista: "O poeta teve a consagração da popularidade. [...] Quase todas as *cantigas* de Lereno correm de boca em boca nas classes plebeias truncadas ou ampliadas. [...] É o maior elogio que, sob o ponto de vista etnográfico, se lhe pode fazer".[91] Gonçalves Dias participou como nenhum outro dessa poderosa consagração anônima. Não deixa de ser sintomático da concepção de Romero que, assim como o autor de *Meditação*, Caldas Barbosa, "o célebre improvisador de modinhas [...] era um *mestiço* de primeira mão, filho de branco e negra; seu pai era português, sua mãe africana".[92] O valor etnográfico depende da simplicidade da forma de uma modinha, como se o miscigenado condensasse a essência da nacionalidade.

No primeiro momento, a fortuna crítica teve como eixo a recepção do poema; é como se o favor inédito de seus versos obliterasse o estudo formal da composição. Em 1959, Antonio Candido ajudou a sistematizar um novo foco de análise. Mas não se esqueça do ensaio de Aurélio Buarque de Holanda, que pela primeira vez observou a desconcertante ausência (virtual) de adjetivos no poema – em exílio, pois, o adjetivo *sozinho*: "Refletindo no segredo de tal simplicidade, vejo que ele reside em mais de um ponto. O principal é, talvez, o seguinte: a ausência de qualificativos. A falta desse elemento valoriza

---

90 Bandeira, A vida e a obra do poeta, *op. cit.*, p. 22.

91 Romero, *História da literatura brasileira*. Tomo I, *op. cit.*, p. 291, grifo do autor.

92 *Idem*, p. 289, grifo do autor.

de maneira singular os substantivos do poema, dando-lhes relevo, dilatando-lhes a sugestão emocional".[93] *Sozinho* – único adjetivo do poema, portanto. Na primeira edição, a melancolia dessa condição existencial foi graficamente materializada numa forma que se perdeu em edições posteriores. O contraste é revelador. Na edição de 1846, lemos no primeiro verso da terceira estrofe:

> Em cismar – sozinho – à noite –

Os travessões tanto encenam a distância do poeta em relação ao idealizado *lá* quanto acentuam a solidão que o domina mesmo quando está em sua terra. Parataxe gráfica, os dois termos – sozinho, noite – parecem pertencer a mundos distantes. Idêntico recurso é empregado no terceiro verso da quarta estrofe, e a reiteração vale por uma declaração de princípios. Em publicações recentes, houve uma normalização do estranhamento provocado pela inusitada corrente de travessões. Por exemplo, a edição consagrada da Nova Aguilar altera os versos sem justificativa razoável. Eis a primeira ocorrência:

> Em cismar, sozinho, à noite,

Prosaicas vírgulas que retiram a força poética do procedimento gonçalvino, pois, onde havia impacto visual e originalidade lírica, somente restou a mais absoluta mediocridade. A segunda ocorrência é ainda mais inexplicável:

> Em cismar – sozinho, à noite –

---

[93] Holanda, À margem da "Canção do exílio", *op. cit.*, p. 25.

A incômoda vírgula depois de *sozinho* paradoxalmente avizinha o adjetivo do substantivo *noite*, mitigando o isolamento projetado pelo poeta. Esse é um problema hermenêutico delicado na leitura de clássicos como a "Canção do exílio", vale dizer, a tal ponto "conhecemos" o poema que já não nos deixamos surpreender pelas suas transgressões.

Volto à fortuna crítica.

Em lugar de limitar a obra do poeta ao papel mimético de radiografia da alma nacional, Antonio Candido sublinhou a fatura propriamente poética. Consideração que permitiu o apontamento categórico:

> [Gonçalves Dias] foi o acontecimento decisivo da poesia romântica e todos os poetas seguintes, de Junqueira Freire a Castro Alves, pressupõem a sua obra. A partir dos *Primeiros Cantos*, o que antes era *tema* – saudade, melancolia, natureza, índio – se tornou experiência, nova e fascinante, graças à superioridade da inspiração e dos recursos formais.
>
> [...] no terreno formal, a adequação dos metros à psicologia, a multiplicidade dos ritmos, a invenção da harmonia segundo as necessidades expressionais, o afinamento do verso branco.[94]

José Veríssimo intuiu essa dimensão, mas não foi capaz de perceber os traços propriamente estéticos da fatura

---

[94] Candido, *Formação da Literatura Brasileira*, p. 403, grifo do autor. Cesare Segre também tocou nesse aspecto fundamental da experiência propiciada pelo poema: "O círculo fechou-se, o *Sabiá* heráldico dos dois primeiros versos descritivo-exclamativos, é agora, nos dois últimos versos, o *Sabiá* vivo, cujo canto chegará a G.D. tão logo este tenha revisto as *palmeiras* de sua terra" (Segre, A "Canção do exílio" de Gonçalves Dias ou as estruturas do tempo, *op. cit.*, p. 166).

superior contida na "simplicidade". O deslocamento é inspirador: Gonçalves Dias deixou de ser exclusivamente o mensageiro do espírito nacional para converter-se em referência bibliográfica incontornável para os poetas das novas gerações – e isso em virtude *dos recursos formais* que dominou como poucos. Vale dizer, sua obra começou a configurar o imaginário de uma literatura em processo de afirmação. O público leitor passou a dispor de uma referência solidária a todos: a comunidade imaginada Brasil deu os primeiros passos à escuta de um sabiá e à sombra de uma palmeira. Na edição de 1846 de *Primeiros Cantos*, uma nota fundamental acompanha a "Canção do exílio":

> Quando compus esta canção, ou como melhor se chame, tinha apenas visto algumas das Províncias do Norte do Brasil.[95]

A *minha terra tem palmeiras*, portanto, no momento de sua composição, em julho de 1843, correspondia muito mais à imaginação do poeta do que à vivência do homem. Nesse mesmo horizonte, em seu ensaio crítico mais discutido, Machado de Assis propôs a noção transformadora: "As tradições de Gonçalves Dias, Porto-Alegre e Magalhães são assim continuadas pela geração já feita e pela que ainda agora madruga, como aqueles continuaram as de José Basílio da Gama e Santa Rita Durão".[96]

---

[95] Dias, Gonçalves. Canção do exílio. *Primeiros Cantos*. Rio de Janeiro: Eduardo e Henrique Laemert, 1846, p. 9. Disponível em: https://tinyurl.com/mwjn22ua. Acesso em: 22 out. 2025.

[96] Assis, Machado de. Notícia da atual literatura brasileira: Instinto de nacionalidade. In: *Obra Completa*. Vol. III, *op. cit.*, p. 1177.

O "instinto de nacionalidade", apreensível por meio de um sutil "certo sentimento íntimo", formou-se à roda da biblioteca. Ao menos parcialmente, tal sentimento foi o resultado de atos de leitura; a nacionalidade também resultou de um pacto ficcional. Eis a famosa definição machadiana: "O que se deve exigir do escritor, antes de tudo, é *certo sentimento íntimo*, que o torne homem do seu tempo e do seu país, ainda quando trate de assuntos remotos no tempo e no espaço".[97] Gonçalves Dias, nesse sentido, tanto é autor da "Canção do exílio" quanto leitor de seus antecessores; no fundo, somente pôde reinventar o romantismo porque estudou a literatura colonial. O delicado plebiscito diário, imaginado por Ernst Renan, deu-se no meio do caminho entre o cá e o lá, o ontem e o hoje, o alheio e o próprio – da biblioteca à ágora. Dois ou três exemplos são suficientes para esclarecer a relevância desse autêntico rito de passagem.

Em "Miss Dollar", que abre *Contos fluminenses*, livro de Machado de Assis publicado em 1872, Gonçalves Dias já ocupa posição tutelar, embora tivesse falecido pouco antes, em 1864, aos 41 anos de idade. O narrador brinca com a leitora ao esboçar o perfil típico de uma heroína romântica. Após a descrição de "uma inglesa pálida e delgada, escassa de carnes e de sangue", vem ao que mais importa, sua paisagem mental, moldada pela literatura:

> A moça em questão deve ser vaporosa e ideal como uma criação de Shakespeare; deve ser o contraste do *roastbeef* britânico com que se alimenta a liberdade do

---

[97] *Idem*, p. 1179, grifos meus.

> Reino Unido. Uma tal *Miss Dollar* deve ter o poeta Tennyson de cor e ler Lamartine no original; se souber o português deve deliciar-se com a leitura dos sonetos de Camões ou os *Cantos* de Gonçalves Dias.[98]

A menção diz respeito à canonização do poeta brasileiro, que ombreia com ninguém menos do que Camões, o vate por excelência da língua portuguesa: o gesto não é trivial. E chama mais a atenção sua presença na vizinhança literária de Shakespeare, Tennyson e Lamartine. Em 1872, na perspectiva machadiana, Gonçalves Dias era o único nome da literatura brasileira capaz de suportar o paralelo, sem dobrar a espinha pelo *burden of the past*. Logo depois, o próprio Machado ingressaria no seleto grupo.

Na crítica ressentida de 1878 a *O primo Basílio*, de Eça de Queirós, retomou-se o motivo na discussão sobre a novidade do romancista português, "na pátria de Alexandre Herculano e no idioma de Gonçalves Dias".[99] O autor da "Canção do exílio" tornou-se a metonímia da própria língua, num complexo fenômeno de colonização cultural às avessas, isto é, a colônia suplantando a metrópole, como se fosse uma inesperada Grécia triunfando sobre Roma; como se a Atenas maranhense conhecesse um triunfo tardio e Gonçalves Dias tomasse o lugar de Camões. Em *Quincas Borba*, o malogrado filósofo, que dá

---

[98] Assis, Machado de. Miss Dollar. *Contos fluminenses*. In: *Obra Completa*. Vol. II, op. cit, p. 14. Trata-se de uma brincadeira: "Miss Dollar é uma cadelinha galga" (p. 14).

[99] Assis, Machado de. *O primo Basílio*. In: *Obra Completa*. Vol. III, *op. cit.*, p. 1206. Tratei do ressentimento machadiano, tabu na crítica literária brasileira, em *Machado de Assis: por uma poética da emulação* (Rio de Janeiro: Civilização Brasileira, 2013).

título ao romance de 1891, encontrou a fórmula mágica da paz para explicar a equivalência radical entre todos os viventes à luz dos princípios do Humanitismo, essa baixa antropofagia na qual todos se devoram e ninguém se nutre do outro, e, quanto mais comem, menos saciados estão.[100] Quincas Borba assim recordou a morte de sua avó, vitimada por uma sege desgovernada:

> Se, em vez de minha avó, fosse um rato ou um cão, é certo que minha avó não morreria, mas o fato era o mesmo; Humanitas precisa comer. Se em vez de um rato ou de um cão, fosse um poeta, Byron ou Gonçalves Dias, diferia o caso no sentido de dar matéria a muitos necrológios; mas o fundo subsistia.[101]

Seguimos nas altas esferas do panteão literário, embora com uma diferença que principia a se tornar significativa. A menção a Gonçalves Dias não mais ocorre exclusivamente no plano da literatura, mas como pano de fundo de uma questão pretensamente filosófica – na peculiar metafísica de Quincas Borba. Pouco importa: a obra incorporou-se ao cotidiano dos leitores e virou referência comum, capaz de iluminar questões de caráter geral. Em "Miss Dollar" sobe-se um degrau:

---

[100] Oswald de Andrade assim definiu as duas formas de antropofagia: de um lado, como *Weltanschauung*, que "pertence como ato religioso ao rico mundo espiritual do homem primitivo. Contrapõe-se, em seu sentido harmônico e comunial, ao canibalismo que vem a ser a antropofagia por gula e também a antropofagia por fome" (Andrade, Oswald de. A crise da filosofia messiânica. In: *A utopia antropofágica*. São Paulo: Globo, 1990, p. 101).

[101] Assis, Machado de. *Quincas Borba*. In: *Obra completa*. Vol. I, *op. cit.*, p. 740.

> Mendonça nunca vira olhos verdes em toda a sua vida; disseram-lhe que existiam olhos verdes, ele sabia de cor uns versos célebres de Gonçalves Dias; mas até então os olhos verdes eram para ele a mesma cousa que a fênix dos antigos. Um dia, conversando com uns amigos a propósito disto, afirmava que se alguma vez encontrasse um par de olhos verdes fugiria deles com terror.[102]

O personagem machadiano teve sua visão do mundo literalmente forjada pelo poema "Olhos verdes", publicado nos *Últimos Cantos*,[103] e cuja epígrafe homenageia Camões.[104] Os versos do poema abriram os olhos de Mendonça para o que ele nunca havia visto. Elogio maior: a imaginação literária, formada por meio da poesia do autor de *Meditação*, abriu horizontes *por mares nunca dantes navegados*. Compreende-se que o personagem saiba de cor os versos, pois sua melodia se aprende com facilidade alegre. Leiamos a primeira e a última estrofe para sentir sua atmosfera:

---

[102] Assis, Miss Dollar, *op. cit.*, p. 17.

[103] No romance de Ana Miranda *Dias & dias*: *romance*, Feliciana decidiu convencer-se do que desejava: "Maria Luíza acha que os versos aos olhos verdes não foram escritos para mim, porque meus olhos não são verdes". A origem do episódio é ainda mais saborosa: "Maria Luíza acha que ele escreveu os versos no papel de embrulho num momento de inspiração e embrulhou por engano o meu feijão-verde no papel com os versos escritos para outra, quem tinha olhos verdes em Caxias? a escrava Maricota!" (Miranda, Ana. *Dias & dias*: *romance*. São Paulo: Companhia das Letras, 2002, p. 17 e 22).

[104] Os versos de Camões, extraídos do poema "Menina dos olhos verdes", citados na epígrafe: "Eles verdes são:/ E têm por usança/ Na cor esperança,/ E nas obras não" (Dias, Gonçalves. Olhos verdes. *Últimos Cantos*, *op. cit.*, p. 409).

São uns olhos verdes, verdes,
Uns olhos de verde-mar,
Quando o tempo vai bonança;
Uns olhos cor de esperança,
Uns olhos por que morri;
    Que ai de mi!
Nem já sei qual fiquei sendo
    Depois que os vi!

    [...]

Dizei vós; Triste do bardo!
Deixou-se de amor finar!
Viu uns olhos verdes, verdes,
Uns olhos da cor do mar:
Eram verdes sem esp'rança,
Davam amor sem amar!
Dizei-o vós, meus amigos,
    Que ai de mi!
Não pertenço mais à vida
    Depois que os vi![105]

Nesse cenário propriamente poético, Aurélio Buarque de Holanda lavrou um novo campo por meio de uma observação que obrigou a releituras cuidadosas dos versos que todos acreditavam conhecer de memória. O poema que traduziu o espírito da nação dispensou o emprego de qualquer adjetivo qualificativo para definir o Brasil. Em si mesmo, na "Canção do exílio", o adjetivo é o verdadeiro desterrado no domínio da linguagem. O crítico encontrou uma resposta precisa para o aparente dilema: "o poeta

[105] *Ibidem*. Cito com uma pequena alteração, a fim de reproduzir a primeira edição, que pode ser aqui apreciada: https://tinyurl.com/2trcmhsz. Acesso em: 22 out. 2025.

usou de substantivos carregados, já de si, de um denso conteúdo sugestivo – seres e coisas da natureza que, assim despojados, nus, ganham fundo em intensidade, que se fazem valer melhor por si sós".[106]

O paradoxo deve ser observado e vale a reiteração: a "Canção do exílio" é alheia ao uso, de outro modo tradicional, de adjetivos para demarcar a originalidade da pátria, como vimos nos previsíveis Hino Nacional e "Canção do Expedicionário". Sem qualificativos únicos, o que é o Brasil, exatamente? Não haverá traços únicos, mais bem definidos por um par de adjetivos certeiros, desses que se revestem do privilégio adâmico da nomeação definitiva? Caso contrário, o que pensar dessa ausência?

(Refletir sobre hiatos na origem da poesia romântica brasileira é precisamente o alvo deste ensaio.)

Operação de pensamento

Coube a um jovem crítico, tão precoce e talentoso como o jovem poeta Gonçalves Dias, radicalizar a intuição de Aurélio Buarque de Holanda. Em 1964, José Guilherme Merquior publicou o ensaio "O poema do lá", enfrentando o desafio implícito na ausência de adjetivos qualificativos na "Canção do exílio". Merquior virou o argumento pelo avesso, inaugurando um novo universo para a fortuna crítica do poema:

> A "Canção do exílio" é um poema simples e desnudo, mas não porque não haja nela, em alusão poética,

[106] Holanda, À margem da "Canção do exílio", *op. cit.*, p. 28.

> os elementos essenciais da terra nativa. A verdadeira razão, o verdadeiro segredo de sua direta comunicabilidade é a unidade obstinada do sentimento que a domina. Esta é a qualidade distintiva da canção, e o que faz dela poema realmente "sem qualificativos", precisamente porque *todo* o poema é qualificativo: todo ele qualifica, em termos de exaltado valor, a terra natal.[107]

A simplicidade, sempre elogiada no poema como índice de encontro perfeito entre tema e forma, adquire complexidade inesperada. A ausência de adjetivos qualificativos é somente epidérmica, pois, na estrutura profunda da composição, descortina-se uma experiência subjetiva que não somente antecede como também possibilita a realidade objetiva. Nas palavras do ensaísta:

> O Brasil, na "Canção do exílio", não é *isso* nem *aquilo*; o Brasil é sempre *mais*. Mas essa expressão, de outro modo fatalmente quantitativa, transforma-se pelo sentimento de saudade em algo irredutivelmente qualificativo, no *mais-melhor* que o poeta, cativo de uma teimosa nostalgia, vê como aspiração suprema e como valor entre todos o primeiro.[108]

Inquietação resolvida num lance de prestidigitação intelectual. A angústia macunaímica do herói sem nenhum caráter, incapaz de definir uma personalidade com base em traços estáveis, não foi antecipada pelos versos cancioneiros

---

[107] Merquior, José Guilherme. O poema do lá. In: *Razão do poema: ensaios de crítica e de estética*. São Paulo: É Realizações, 2013, p. 67, grifo do autor.

[108] *Ibidem*, grifos do autor.

de Gonçalves Dias. Muito pelo contrário, o Brasil não seria *isso*, muito menos *aquilo*, porque "minha terra tem palmeiras" é isso e aquilo e tudo o mais que se possa imaginar. Na rapsódia de Mário de Andrade, *Macunaíma, o herói sem nenhum caráter*, lançado em 1928, o mesmo ano do "Manifesto Antropófago", de Oswald de Andrade, o personagem-título foi muitas vezes interpretado como "símbolo do brasileiro". Mário sempre recusou essa leitura com veemência. Em duas cartas a Manuel Bandeira, justificou sua posição:

> Aqui um detalhe importantíssimo que creio passou inteiramente virgem de você: a criança está caracterizada *justamente porque inda* não é homem brasileiro. Fiz questão de mostrar e acentuar que Macunaíma, como brasileiro que é, *não tem caráter*.
> [...]
> É fácil de provar que estabeleci bem dentro de todo o livro que Macunaíma é uma contradição de si mesmo. O caráter que demonstra num capítulo, ele desfaz no outro. Etc.[109]

O retorno do temido advérbio. À sistematização da história literária de Sílvio Romero, assombrada pelo fantasma do *ainda não* paralisador, Mário de Andrade opõe o *inda* de seu *trickster*, que, muito embora não permita sonhar com uma identidade estável, transforma a precariedade em arte; já que não se pode compor uma sinfonia,

---

[109] A primeira passagem é extraída de carta datada de 31 de outubro de 1927; a segunda, de 27 de novembro de 1927 (Moraes, Marcos Antonio de (Org.). *Correspondência Mário de Andrade & Manuel Bandeira*. São Paulo: IEB/USP, 2000, p. 359 e 368, grifos do autor).

que pelo menos se desfrute os motivos vários e a vocação fragmentária de uma rapsódia.[110]

Os célebres versos de Fernando Pessoa vêm à mente: o Brasil seria o nada que é tudo?[111] Em termos estritamente lógicos, ainda que se trate da esfera afetiva, ser tudo quer dizer não ser nada – nem mesmo mito. Merquior driblou a falácia pela hipervalorização do fator subjetivo. A operação comparativa foi corretamente destacada, pois, numa comparação, a decisão subjetiva de quem coloca os pratos na balança é tão ou mais importante do que os fatores comparados. Merquior é pioneiro em assinalar uma operação de pensamento específica capaz de dar conta dos dilemas da formação social brasileira. Na impossibilidade de uma definição autocentrada, segura de si mesma, confiante na mera exposição de princípios autoexplicativos, característicos do ufanismo nacionalista, o gesto comparativo é um gol de placa, tabelinha perfeita entre precariedade e promessa, drible desconcertante de uma bem-sucedida *fenomenologia do brasileiro* – fórmula perturbadora de Vilém Flusser, que anuncia o crepúsculo da ontologia no reino desencantado

---

[110] Em estudo brilhante, um ponto fundamental foi esclarecido: "[...] *Macunaíma* retoma o processo compositivo da música popular, como aliás nos indica claramente o próprio autor, quando acrescenta no título do livro a designação *rapsódia*" (Souza, Gilda Melo e. *O tupi e o alaúde*: *uma intepretação de* Macunaíma. São Paulo: Livraria Duas Cidades, 1979, p. 15).

[111] "O mito é o nada que é tudo/ O mesmo sol que abre os céus/ É um mito brilhante e mudo –/ O corpo morto de Deus./ Vivo e desnudo." Trata-se, como se sabe, da célebre estrofe de abertura do poema "Ulisses", de Fernando Pessoa (*Mensagem*: *poemas esotéricos*. Organização de José Augusto Seabra. Paris: Coleção Archivos, 1996, p. 17).

do *ainda não*. Ao evitar cuidadosamente o emprego de qualificativos, o jovem poeta transferiu para o ato de leitura a tarefa de realizar um rápido paralelo mental, a fim de concordar com o eu lírico: "Nosso céu tem mais estrelas", e, sobretudo, "Nossa vida mais amores". Como duvidar? Poderíamos reescrever o imperativo categórico kantiano, traduzido na dicção de Gonçalves Dias, tal como interpretada por Merquior: "o céu estrelado acima de mim" e "o amor à pátria em mim".

Na formulação kantiana:

> Duas coisas enchem o ânimo de admiração e veneração sempre nova e crescente, quando mais frequente e persistentemente a reflexão ocupa-se com elas: *o céu estrelado acima de mim e a lei moral em mim*. [...] A primeira começa no lugar que ocupo no mundo sensorial externo e estende a conexão, em que encontro, ao imensamente grande com mundos sobre mundos e sistemas de sistemas [...]. A segunda começa em meu si-mesmo [*Selbst*] indivisível, em minha personalidade [...].[112]

É como se a conclusão da *Crítica da razão prática* antecipasse o alfa da nacionalidade romântica, tal como proposta pela "Canção do exílio" no estudo inspirado de José Guilherme Merquior. No último parágrafo do ensaio, o crítico brasileiro dá as mãos ao filósofo alemão para traçar um rigoroso programa ético do "amor-vontade" de querer sempre *mais* o Brasil, que segue sem qualificativos suficientemente estáveis para uma definição concisa.

---

[112] Kant, Immanuel. *Crítica da razão prática*. Tradução de Valério Rodhen. São Paulo: WMF Martins Fontes, 2011, p. 255-256, grifos meus.

> Quando um dia nós fizermos um Brasil *amável*, um Brasil definitivo, desgraçados de nós se perdermos a fé desse amor-vontade; desgraçados de nós, se então justificássemos o amor da nossa terra pela sua grandeza palpável – porque teríamos perdido a feição mais nobre do sentido da terra natal, que é essa reserva, esse poder de amá-la, sem outra justificativa que o próprio amor.[113]

A ausência de adjetivos qualificativos ganha contorno irrecusavelmente filosófico, quase metafísico: o amor-vontade é a única forma possível do utópico moto-contínuo, que deve se bastar a si próprio ou estará condenado à rapsódia macunaímica.

Ou não?

(Eu vou procurar e sei que vou encontrar.)

O exílio como forma?

E se não for bem assim? E se Merquior tiver aberto uma vereda que ele não atravessou? O jovem crítico estava certo: "O simples comparar já nos abre uma nova via de interpretação".[114] A oposição adverbial que dá ritmo à "Canção do exílio" retorna com vigor. O ato de comparar supõe dois termos ou, no poema, dois lugares: o cá e o lá, respectivamente, Portugal e o Brasil. Gonçalves Dias revelou-se um leitor arguto da então nascente tradição literária brasileira, já que a oposição adverbial como forma

---

[113] Merquior, O poema do lá, *op. cit.*, p. 70.

[114] *Idem*, p. 60.

poética pode ser encontrada em duas instâncias prévias e certamente conhecidas do autor d'*Os Timbiras*.

Comecemos com "Doçura de amor", canção de Domingos Caldas Barbosa. Primeiro compositor de "música de exportação", antecedendo em mais de um século o desejo oswaldiano de uma "poesia de exportação",[115] o cantautor do século XVIII, também em "exílio", formulou o modelo poético da oposição adverbial em ritmo de balada:

> Cuidei que o gosto de Amor
> Sempre o mesmo gosto fosse,
> Mas um Amor Brasileiro
> Eu não sei por que é mais doce.[116]

Capítulo não escrito da *Arte de amar*, de Ovídio, o "Amor Brasileiro" é substantivado em imponentes letras maiúsculas, e muito embora não saibamos exatamente como seja, descobrimos que "é *mais* doce". O poeta reconheceu candidamente, "Eu não sei por que", transportando o *je ne sais quoi* da estética para a erótica. A operação comparativa na afirmação da identidade nacional assumiu

---

[115] Era a utopia estética de Oswald de Andrade, tal como expressa em 1924 no "Manifesto da Poesia Pau-Brasil": em lugar de assimilar acriticamente uma "poesia de importação", invertia-se a hierarquia tradicional da assimétrica *Weltliteratur*, a fim de colocar sua "poesia de exportação" em circulação transnacional. Claro, dada a geopolítica autoritária da República Mundial das Letras, o projeto não se realizou. Mas, em todo caso, o "Manifesto Antropófago", lançado em 1928, deu origem a uma autêntica "teoria de exportação", a antropofagia.

[116] Barbosa, Domingos Caldas. Doçura de Amor. In: *Viola de Lereno*, *op. cit.*, p. 255.

protagonismo antes mesmo da independência política formal. Aliás, em 1872, José de Alencar desfez as ilusões de qualquer automatismo entre o mundo da política e o universo da cultura: "A terceira fase, a infância de nossa literatura, começada com a independência política, ainda não terminou; espera escritores que lhe deem os últimos traços e formem o verdadeiro gosto nacional".[117] À formalidade da declaração política, Alencar opôs a lenta formação cultural. No ano seguinte, em 1873, Machado de Assis foi mais enfático ao assinalar o processo histórico pressuposto na busca de uma "fisionomia própria ao pensamento nacional". Em palavras céticas: "Esta outra independência não tem Sete de Setembro nem campo de Ipiranga; não se fará num dia, mas pausadamente, para sair mais duradoura; não será obra de uma geração nem duas; muitas trabalharão para ela até perfazê-la de todo".[118]

Como em tantas facetas da cultura brasileira, a canção esteve à frente, vanguarda premonitória dos dilemas que tememos enfrentar de peito aberto. Na estrofe seguinte, a viola de arame de Caldas Barbosa tocou na tecla mais sensível:

> Gentes, como isto
> Cá é temperado,
> Que sempre o favor
> Me sabe a salgado:
> Nós lá no Brasil[119]

---

[117] Alencar, José de. Benção paterna. In: *Sonhos d'ouro*. Rio de Janeiro: José Olympio, 1953, p. 34-35.

[118] Assis, Notícia da atual literatura brasileira: Instinto de nacionalidade, *op. cit.*, p. 1177.

[119] Barbosa, Domingos Caldas. Doçura de Amor, *op. cit.*, p. 256.

A oposição adverbial afirma-se e só se torna realmente significativa ao ser acompanhada por um deslocamento espacial: o *cá* corresponde à terra do exílio, quase sempre voluntário e muitas vezes "feliz", mas sempre distante do *lá*, da "minha terra tem palmeiras". É ainda mais revelador que a estrofe conclua numa surpreendente *epokhé* fenomenológica:

Nós lá no Brasil

Somente na estrofe seguinte o esclarecimento é dado.

A nossa ternura
A açúcar nos sabe,
tem muita doçura,
Oh! se tem! tem.
  Tem um mel mui saboroso.
  É bem bom é bem gostoso.[120]

Impossível não associar esse irresistível "Oh! se tem! tem" com a canção de 1939 de Dorival Caymmi "O que é que a Baiana tem", sucesso internacional na voz e sobretudo na performance de Carmen Miranda:

O que é que a baiana tem?
O que é que a baiana tem?

Tem torço de seda, tem (Tem)
Tem brincos de ouro, tem (Tem)
Corrente de ouro, tem (Tem)
Tem pano da costa, tem (Tem)
Tem bata rendada, tem (Tem)
Pulseira de ouro, tem (Tem)

---

[120] *Ibidem.*

A canção segue nesse ritmo irresistível, no diálogo entre cantora e coro, pontuado pelo "tem (Tem)" que, num arco generoso, reúne século XVIII e século XX na toada da música popular. Linha de continuidade que aproxima séculos e insiste na urgência de finalmente decifrar a Esfinge do dilema brasileiro, que não casualmente explode numa canção – a do exílio.

Pouco importa se a estrofe de Caldas Barbosa conclui como trapezista que salta sem rede – "Nós lá no Brasil". O decisivo é justamente a ausência de um dado exterior, fixo, inamovível, que, por ser *a coisa em si*, dispensaria o gesto comparativo. Se o Brasil jamais será alçado ao nível do rigor kantiano de uma inatingível "*das Ding an sich*", a incompletude implícita no último verso da primeira estrofe de "Doçura de Amor" tem a força de uma máxima filosófica, como se fosse um fragmento pré-socrático em busca da *arkhé* perdida e nunca reencontrada. "O simples comparar" perde toda possível simplicidade. O que a centralidade da comparação encobre desde o início do mundo-Brasil?

Antes de apresentar minha hipótese, consultemos o poema de Gonçalves de Magalhães, "O dia 7 de setembro, em Paris". O prosaísmo do título, agravado pela didática vírgula que almeja um efeito dramático malogrado – não se trata de um 7 de setembro qualquer, mas *em Paris*, ou seja, no exílio –, é acompanhado pela dicção poética bacharelesca. O poema é sobrecarregado pelo peso de uma miríade de adjetivos pomposos. Vamos ler juntos a primeira estrofe:

Longe do belo céu da Pátria minha,
   Que a mente me acendia,
Em tempo mais feliz, em qu'eu cantava
Das palmeiras à sombra os pátrios feitos;
Sem mais ouvir o vago som dos bosques,
Nem o bramido fúnebre das ondas,
   Que n'alma me excitavam
Altos, sublimes turbilhões de ideias;
   Com que cântico novo
O Dia saudarei da Liberdade?[121]

A prudência recomenda não negligenciar a lição do *Eclesiastes* 1,9: "Nada de novo sob o sol".[122] Conselho que também vale no campo da estética, especialmente no caso de Gonçalves de Magalhães. O poema foi reunido em livro lançado em 1836, *Suspiros poéticos e saudades*, e seu primeiro verso – "*Longe* do *belo* céu da Pátria minha" – esclarece o ritmo dos 104 versos, com suas inversões sintáticas pretensamente preciosas e sua carga nada parcimoniosa de advérbios e de adjetivos. A dicção plúmbea de sua lírica foi avaliada com severidade pela recepção contemporânea: "parece não ter encontrado, nem sequer quando começou a publicar, um acolhimento espontaneamente benévolo da parte do nosso público".[123] E isso

---

[121] Magalhães, Gonçalves de. O dia 7 de setembro, em Paris. In: *Suspiros poéticos e saudades.* Brasília: Editora UnB, 1986, p. 375.

[122] *Eclesiastes* 1,9. In: *Bíblia do Peregrino*. 2. ed. Organização e notas de Luís Alonso Schökel. São Paulo: Paulus, 2006, p. 1489. Na integra, a citação diz: "O que aconteceu, isso acontecerá; o que sucedeu, isso sucederá: nada de novo sob o sol".

[123] Vale a pena citar a passagem na íntegra: "Mas a verdade é quem se nos trouxe os temas do Romantismo europeu, e até insinuou os principais motivos que mais tarde inspirariam um Gonçalves

apesar de ser o poeta áulico por excelência do Romantismo brasileiro, favorito e protegido do Imperador Pedro II. Ele foi o patrono de edições luxuosas dos livros de Magalhães que, no entanto, nunca empolgaram o público leitor. Em todo caso, Gonçalves de Magalhães acertou no alvo ao assinalar a distância física em relação ao Brasil como o eixo que torna o desterro central na determinação da identidade do país. No século XIX, essa experiência foi determinante. E também no século XX: em 1924, se acreditarmos na recordação de Paulo Prado, foi em Paris, "no alto da praça Clichy", que Oswald descobriu que o Brasil existia mesmo.[124] Gilberto Freyre concebeu o plano de *Casa-grande & senzala* em viagem aos Estados Unidos e, especialmente, ao se chocar com o comportamento abertamente racista das populações sulistas. O primeiro esboço de sua obra-prima foi concluído em curso oferecido na Universidade Stanford. Sérgio Buarque de Holanda principiou *Raízes do Brasil* como um projeto de explicação da realidade latino-americana ao público alemão, pois se encontrava em Berlim, trabalhando como correspondente dos Diários Associados entre 1929 e 1930. O valor

---

Dias, um Álvares de Azevedo, um Casimiro de Abreu, um Fagundes Varela e um Castro Alves, ele parece não ter encontrado, nem sequer quando começou a publicar, um acolhimento espontaneamente benévolo da parte do nosso público" (Holanda, Sérgio Buarque de. Prefácio. In: Magalhães, *Suspiros poéticos e saudades*, *op. cit.*, p. 29).

[124] "Oswald de Andrade, numa viagem a Paris, do alto de um ateliê da Place Clichy – umbigo do mundo – descobriu, deslumbrado, a sua própria terra. A volta à pátria confirmou, no encantamento das descobertas manuelinas, a revelação surpreendente de que o Brasil existia" (Prado, Paulo. Poesia Pau-Brasil. In: Andrade, Oswald de. *Pau-Brasil.* (1925) São Paulo: Globo, 1990, p. 57).

epistemológico da distância irmana poesia romântica e pensamento social brasileiro.

Em outras estrofes emergem os temas que Gonçalves Dias converteu em forma literária e experiência existencial. Na terceira estrofe, encontramos o símbolo maior:

> Mas em vão, que nos ares embruscados
> O mimoso colibri não adeja,
> Nem longe do seu ninho o canto exala
> O sabiá canoro.[125]

Uma palavra sobre a especificação, poeticamente ociosa, "sabiá *canoro*". O poeta e ensaísta Cassiano Ricardo, depois de reiterar o lugar-comum "Não haverá outro poema [...] mais fácil, mais singelo", fez involuntariamente um dos reparos mais divertidos sobre o poema:

> Alega-se ainda que o sabiá que frequenta as palmeiras é justamente o único que não canta: o sabiapoca. O que canta é o "laranjeira", o sabiapiranga; é também o sabiaúna; e estes não cantam em palmeiras...
> Portanto, ainda sob este aspecto, Gonçalves de Magalhães havia sido mais exato que Gonçalves Dias, pois o seu sabiá cantava na laranjeira, e não na palmeira.[126]

Difícil resistir, não é mesmo? Imaginemos os versos: "Minha terra tem palmeiras/ Onde (não) canta o

---

[125] Magalhães, O dia 7 de setembro, em Paris, *op. cit.*, p. 377.

[126] Ricardo, Cassiano. Gonçalves Dias e o Indianismo. In: *O Indianismo de Gonçalves Dias op. cit.*, p. 31. Por justiça, anoto a conclusão de Cassiano Ricardo: "Aqui caberia uma réplica: se o sabiá não substitui a sintaxe, a sintaxe lírica, essa faz o sabiá cantar na palmeira, e mui legitimamente" (*ibidem*).

sabiapoca". Ou: "Minha terra tem palmeiras/ Onde canta o sabiapiranga". Preciso acrescentar algo ou basta a hilaridade provocada pela leitura? Casimiro de Abreu, talvez preocupado com essa precisão nada poética, não hesitou na segunda "Canção do exílio" que compôs, em 1857. Na primeira estrofe – que se repete três vezes, inclusive no fecho do poema –, a árvore torna-se, por assim dizer, protagonista:

> Se eu tenho de morrer na flor dos anos,
> Meu Deus! não seja já;
> Eu quero ouvir na laranjeira, à tarde,
> Cantar o sabiá![127]

Na "Canção do exílio" original não se encontra um único ponto de exclamação – lição de mestre. A urgência transmitida pelo advérbio *já* tende a desequilibrar o ritmo pela impertinência do instante imediato. Pelo contrário, Gonçalves Dias sugeriu uma situação existencial, em alguma medida idealizada, que não supõe a deselegante explicação. Por fim, o duplo esclarecimento, "na laranjeira" e "à tarde", entorpece o ritmo, num efeito impensado de dessublimação da simplicidade radical do poema de Gonçalves Dias.

Voltemos a Paris – *embruscados*, *mimoso*, *canoro*: mais um adjetivo e os versos virariam estátua de pedra. Na estrofe seguinte, o círculo se fecha, no recurso à oposição adverbial:

---

[127] Abreu, Casimiro de. Canção do exílio [II]. In: Candido, Antonio; Castello, José de Aderaldo (Orgs.). *Presença da literatura brasileira: do Romantismo ao Simbolismo*. São Paulo: DIFEL, 1976, p. 38.

Lá, no teu seio, a vida respirando
    Tranquilo e sossegado,
Ou no mar agitado, à morte exposto,
Ou aqui nesta plaga tão remota,
Fiel te sou, oh Pátria; não te olvido
Pelas grandezas que me ofrece a Europa.[128]

Há uma ironia involuntária no último verso: deve ser uma tarefa espinhosa manter-se leal à evocação dos tristes trópicos ante o contraste propriamente civilizatório propiciado por uma temporada na Europa. Um livro de crônicas de Eça de Queirós, publicado postumamente em 1905, tudo diz em seu título-ostentação: *Ecos de Paris*, reunião de crônicas saídas inicialmente no jornal brasileiro *Gazeta de Notícias*. Em artigo de 1880 e sem sutileza alguma, a hierarquia cultural se revela muito dócil à realidade geopolítica; aliás, vivida com intensidade nos versos de Gonçalves de Magalhães:

> E assim para a turba humana, mais impressionável que crítica, o mundo aparece como uma decoração armada em torno de Paris e Londres, uma curiosidade cenográfica que se olha um momento, fixando-se logo toda a atenção na tragicomédia social que *palpita no centro*. [...]
> O que *essa humanidade de província* faz, diz, sofre ou goza – é-lhe indiferente. [...] Positivamente a multidão só reconhece uma sociedade – a de Paris e de Londres.[129]

[128] Magalhães, O dia 7 de setembro, em Paris, *op. cit.*, p. 378.

[129] Queirós, Eça de. *Ecos de Paris*. Porto: Livraria Lello & Irmãos, 1945, p. 6 e 8, grifos meus.

Distante dos centros por antonomásia, Paris e Londres, o que resta se não se conformar à morte em vida do dia a dia nos territórios da *humanidade de província*? No caso, o mundo todo, com a exceção da vibração única que *palpita no centro*. "A parasita azul", conto de Machado de Assis, apresenta o personagem Camilo Seabra, que passou uma longa temporada na Cidade Luz, mas precisou resignar-se a viver no interior, numa fazenda em Goiás. Trânsito por certo traumático, mas um antídoto mitigava seu sofrimento. Ele só se reencontrava com a felicidade perdida ao receber jornais da capital cultural do século XIX:

> Havia já um ano que o filho do comendador estava casado, quando apareceu na sua fazenda um viajante francês. Levava cartas de recomendação de um dos seus professores de Paris. Camilo recebeu-o alegremente e pediu-lhe notícias da *França*, que ele ainda amava, dizia, como *a sua pátria intelectual*. O viajante disse-lhe muitas coisas, e sacou por fim da mala um maço de jornais.
> Era o *Figaro*.
> – O *Figaro*! exclamou Camilo, lançando-se aos jornais.
> *Eram atrasados, mas eram parisienses.*[130]

Nesse horizonte, os versos laboriosos de Gonçalves de Magalhães adquirem uma dicção surpreendentemente corrosiva:

[130] Assis, Machado de. A parasita azul. *Histórias da meia-noite*. In: *Obra Completa*. Vol. II, *op. cit.*, p. 170, grifos meus.

Estes eternos monumentos d'arte,
Estas colunas, maravilhas mortas,
Estas estátuas colossais de bronze,
Estes jardins soberbos, estes templos
São belos: mas não são de minha Pátria.
Tuas virgens florestas, e teus templos
Mais me aprazem que tudo o que aqui vejo.[131]

Uma leitura cínica se impõe. Repare na gradação ascendente dos quatro primeiros versos, cuja síntese equivale à exaltação maravilhada: "São belos"! A adversativa na sequência imediata, *mas*, tudo esclarece: *objetivamente* o Brasil será sempre inferior num paralelo com a Europa. Tudo se passa como se o contraponto à "civilização" se limitasse à contemplação do "belo céu", à audição do "sabiá canoro" e ao deslumbramento com "virgens florestas" – repare que são *virgens*; como o poeta, *sozinho*, no poema-sintoma de Gonçalves Dias. O Brasil só é belo se for intocado pela mão humana? A mão humana que brande o chicote que, como na aquarela de Jean-Baptiste Debret, inviabiliza a idealização da pátria distante?

(Faça um exercício: retire mentalmente todas as pessoas da aquarela de Jean-Baptiste Debret. O que sobrou? Pois é: uma imagem da "Canção do exílio", com muitas palmeiras e Palmares algum.)

Subjetivamente vem à tona a operação mental descrita por José Guilherme Merquior, "o Brasil é sempre *mais*"; e, poderíamos acrescentar, especialmente nas situações em que é, antes, um claríssimo *menos*. Impressiona que o mes-

[131] Magalhães, O dia 7 de setembro, em Paris, *op. cit.*, p. 378.

mo gesto intelectual apareça na mais importante história literária brasileira escrita no século XX: "Comparadas às grandes, a nossa literatura é pobre e fraca. *Mas* é ela, não outra, que nos exprime. Se não for amada, não revelará a sua mensagem; e se não a amarmos, ninguém o fará por nós. Se não lermos as obras que a compõem, ninguém as tomará do esquecimento, *descaso* ou incompreensão".[132] No parágrafo seguinte, como se fosse uma ilustração não planejada do que acabara de propor, Antonio Candido recorreu à obra de Tolstói para definir o efeito produzido pela literatura na consciência humana.[133] Amar, amamos a literatura brasileira, *mas*, na hora de identificar traços universais, a literatura russa é exemplo dessas "literaturas de que um homem não precisa sair para receber cultura e enriquecer a sensibilidade".[134] Não é o caso, conclui-se por contraste, da literatura brasileira.

(O dilema corta fundo. *Mas* como sarar uma ferida sem cuidar de suas cicatrizes?)

Assinale-se a presença em Domingos Caldas Barbosa e Gonçalves de Magalhães dos motivos que consagraram o jovem poeta dos *Primeiros Cantos*: a oposição adverbial, o deslocamento espacial, o olhar distante

---

[132] Candido, *Formação da literatura brasileira*, *op. cit.*, p. 11-12, grifo meu.

[133] "A certa altura de *Guerra e Paz*, Tolstói fala nos 'ombros e braços de Helena, sobre os quais se estendia por assim dizer o polimento que haviam deixado milhares de olhos fascinados por sua beleza'. A leitura produz efeito parecido em relação às obras que anima" (*idem*, p. 12).

[134] *Idem*, p. 11.

como sinônimo de saudade, a nostalgia onipresente, a centralidade do gesto comparativo; em suma, *o exílio como forma literária e experiência de pensamento*. Cesare Segre ofereceu uma síntese precisa do poema que aprofunda essa experiência: "a oposição *cá-lá*, mais o possessivo *minha*, para a comparação, realizada quer em forma relativa (*mais*), quer em forma absoluta (*tais não*) entre os extremos do preciso e concreto *palmeiras* e do genérico e abstrato *primores*".[135]

No poema que encerra *Suspiros poéticos e saudades*, previsivelmente intitulado "Adeus à Europa", a contrapelo do propósito patriótico, o poeta introduziu uma nota cuja ambiguidade não se controla. Recordo as duas últimas estrofes:

> Ó lira do meu exílio,
> Da Europa as plagas deixemos;
> Eu te darei novas cordas,
> Novos hinos cantaremos.
>
> Adeus, ó terras da Europa!
> Adeus, França, adeus, Paris!
> Volto a ver terras da Pátria,
> Vou morrer no meu país.[136]

O último verso permite uma leitura maliciosa. O retorno à pátria, ou seja, o adeus à Europa, isto é, à França, na verdade, despedir-se de Paris, por fim, do centro

[135] Segre, A "Canção do exílio" de Gonçalves Dias ou as estruturas do tempo, *op. cit.*, p. 158.

[136] Magalhães, Gonçalves de. Adeus à Europa. In: *Suspiros poéticos e saudades*, *op. cit.*, p. 422.

da civilização, significa a "morte", vale dizer, abandonar a vida que *palpita no centro*. "Vou morrer no meu país" sugere mais do que o desejo de permanecer na terra natal. Ato falho, talvez diga exatamente o oposto. Na primeira metade do século XIX, a distância irremediável de Paris não era uma forma cruel de "morte"? O exílio, numa inversão perversa, não é necessariamente estar "aqui" (na França), mas "lá" (no Brasil). Exílio irremediável, em função da distância em relação ao centro indisputado no século XIX: a cultura francesa. Estenda-se: a inversão somente é perversa porque se reveste de indisfarçável sentimento de inferioridade. É como se a incisiva pergunta da personagem do romance de Ana Miranda conhecesse uma resposta inesperada: "Partir era apenas isso? Era simplesmente tomar um barco e deixar-se ir?".[137] Nos versos de Magalhães, partir era sobretudo tomar um barco e deixar-se retornar ao Brasil. Na última estrofe, a curiosa escolha da pontuação adquire novo sentido: ao se referir à Europa e a Paris, ruidosos pontos de exclamação batem palmas no final dos versos; já a menção à Pátria e ao País somente merecem uma modesta vírgula e um incontornável ponto final.

(*Period*: como se diz em inglês. *Et pour cause*: afinal, estávamos no século XIX.)

Gonçalves Dias, na sentença de Antonio Candido, transformou "o que antes era *tema*" em "experiência nova e fascinante". Sem dúvida. Mas o que subjaz à inquietante adoção do *exílio como forma literária* do poema-matriz da

[137] Miranda, *Dias & dias*: *romance*, *op. cit.*, p. 163.

poesia brasileira? E se a "Canção do exílio" também puder ser lida como um poema-sintoma?

Phármakon-matriz: veneno-remédio.

(Gente é o lugar de se perguntar o um.)

Fenomenologia da "Canção do exílio"?

Gonçalves Dias ousou ao renunciar ao emprego de adjetivos qualificativos e, por isso mesmo, a "Canção do exílio" foi considerado um poema "sublime"; no juízo de Manuel Bandeira, "o passaporte de sua imortalidade".[138]

Façamos, contudo, uma nova experiência de pensamento.

Por favor, interrompa a leitura deste ensaio e ouça o poema mais uma vez – e ainda outra.

Pronto?

Percebeu algo diferente desta vez?

Não são só os adjetivos que brilham pela ausência. Nos 24 versos, o único sujeito parece ser o poeta em Coimbra. O único adjetivo, aliás, é "aquele *sozinho* hipocorístico que é o verdadeiro centro temático do poema".[139] Solitário, pois, no máximo, encontra-se uma menção implícita aos compatriotas no verso "Nossa vida mais amores", assim como no uso do pronome possessivo da primeira pessoa do plural nos versos anteriores da mesma estrofe; muito embora o tom generalizante não chegue a supor uma identificação objetiva. No restante do poema, estamos às voltas com flores, Sabiá, palmeiras, várzeas, céu estrelado,

---

[138] Bandeira, A vida e a obra do poeta, *op. cit.*, p. 22.

[139] Picchio, *La letteratura brasiliana*, *op. cit.*, p. 178.

bosques. O poeta não sente saudade das gentes de sua pátria? Nenhuma memória afetiva, lembrança alguma de pessoas do outro lado do Atlântico? Na "Canção do exílio" tudo se passa como se o verdadeiro desterrado fosse o povo, que em aparência não há – ou não chega a atrair a atenção do poeta.

O poema-matriz também pode ser lido como um poema-sintoma? Por que o país é reduzido à paisagem, e a pátria é apresentada como cenário para europeu admirar? O que se esconde nessa ausência tão conspícua que, a exemplo da "Carta roubada", de Edgar Allan Poe, sempre esteve diante de nossos olhos? Nesse peculiar Museu-Brasil, não há espectadores, muito menos participantes, mas somente curadores, que organizam exposições para satisfazer seus gostos e confirmar seus preconceitos.[140]

Hora de retornar à epígrafe do poema; afinal, "como falar da canção gonçalvina se retirarmos de seu texto a menção à outra canção, que a precede e lhe dá o tom?".[141] Na abertura do Livro III de *Os anos de aprendizado de Wilhelm Meister*, Goethe apresenta o canto da personagem que dá título à "Balada de Mignon". Wilhelm Meister

---

[140] Apresentei essa ideia no ensaio "The Museum-Brazil: Cultural Cannibalism as an Answer to the Predicaments of a Shakespearean Culture". *Revista Brasileira de Literatura Comparada*, Niterói, v. 22, n. 41, p. 15-26, set./dez. 2020. O artigo pode ser consultado em: https://tinyurl.com/4hb3ekkm. Acesso em: 24 out. 2025.

[141] Werkema, Andréa Sirihal. Dois motivos mais que românticos na poesia de Gonçalves Dias. In: Werkema; Marques, "*A ideia como paixão*", *op. cit.*, p. 87. De fato, impõe-se a necessidade "de considerar como parte integrante da composição também o título e a epígrafe" (Segre, A "Canção do exílio" de Gonçalves Dias ou as estruturas do tempo, *op. cit.*, p. 158).

escuta a canção e pede a Mignon que volte a cantá-la, acompanhada por uma cítara. Curiosa, pois não entende exatamente a letra, Mignon pergunta:

> – Conheces o país?
> – É provável que seja a Itália – respondeu Wilhelm. – De onde conheces esta pequena canção?
> – Itália! – disse Mignon significativamente. – Se fores para a Itália, leva-me contigo, pois sinto muito frio aqui.
> – Já estivestes lá, minha pequena? – perguntou Wilhelm.
> A menina ficou calada e não foi possível arrancar-lhe nada mais.[142]

Mignon foi raptada na infância e mantida como se fosse escravizada por uma trupe de saltimbancos até ser resgatada por Wilhelm Meister. Justamente essa "Balada" foi escolhida por Gonçalves Dias como epígrafe da "Canção do exílio". Antes de propor uma leitura, paremos um pouco para contextualizar os versos de Goethe.

Augusto Meyer reagiu com rigor à liberdade com que Gonçalves Dias se apropriou da canção. E não deixa de ter alguma razão: "o poeta não respeitou a forma original dos verbos [...], em vez de *Zitronen*, com *Z*, lemos *Citronen*, com *C*, transliteração absurda, que vem sendo mantida religiosamente nas últimas edições".[143] Ademais, na

---

[142] Goethe, *Os anos de aprendizado de Wilhelm Meister*, *op. cit.*, p. 152-153.

[143] Meyer, Sobre uma epígrafe, *op. cit.*, p. 96. Por exemplo, na edição consagrada da Editora Nova Aguilar preservou-se a grafia equivocada, *Citronen*.

opinião do crítico, a canção destaca "a esquisita figurinha de Mignon que aparece de modo episódico naquele romance".[144] Meyer parece não ter apreciado o jogo proposto pelo poeta brasileiro, muito embora tenha compreendido com rara agudeza o elemento decisivo. Vale a pena ler na íntegra sua análise:

> No alto da *Cação do Exílio*, transcreve Gonçalves Dias, a título de epígrafe, um trecho da *Balada de Mignon*, recortado com a maior liberdade na primeira estrofe, sem respeitar a sequência fraseológica dos cinco versos iniciais do poema de Goethe. Assim, logo depois do segundo verso / Im dunkeln Laub die Gold-Orangen glühn /, saltando sobre os dois versos seguintes, introduz Gonçalves Dias a interrogação: / Kennst du es wohl? /; e também corta *mit dir* e o vocativo *o mein Geliebter*, para deixar apenas o verbo *ziehn*, depois de um travessão. Na edição original dos *Primeiros Cantos*, vem o trecho reproduzido em gótico e igualmente em gótico reproduz outras epígrafes extraídas de Wieland, Schiller e Kleist.
>
> Tal como aparece, a epígrafe toma o sabor de uma verdadeira interpretação subjetiva do poema de Goethe, uma espécie de "canção do exílio" em alemão, resumindo o poema original e glosando a canção do próprio Gonçalves Dias.[145]

Este último parágrafo é pura iluminação crítica. Toda uma vida de leituras é necessária para escrever três linhas tão inspiradas: "canção do exílio" em alemão! De fato, seria absurdo conferir centralidade à personagem Mignon

[144] *Idem*, p. 98. 7

[145] *Idem*, p. 95.

na trama do romance. O eixo do enredo é a *Bildung* de Wilhelm Meister, tal como espelhada em sua trajetória, na qual se enfatizam as reflexões acerca da obra de William Shakespeare, especialmente sobre *Hamlet*. Wilhelm se entusiasmou com a leitura da tradução de Christoph Martin Wieland, publicada entre 1762 e 1776, em oito volumes,[146] contendo 22 peças, e que produziu uma revolução na literatura alemã, pois abriu caminhos que permitiam escapar ao rigor racionalista do classicismo francês.[147] Posteriormente, August Wilhelm Schlegel iniciou outro projeto de tradução do teatro completo do Bardo, vertendo 17 peças. Nas décadas de 1820 e 1830 a inciativa foi levada adiante por Ludwig Tieck, sua filha, Dorothea Tieck, e Wolf Heinrich von Baudissin. A colaboração ficou conhecida como a "Tradução Schlegel/Tieck" e é vista como um momento decisivo da literatura alemã. Goethe dirigiu o Teatro de Weimar de 1791 a 1817 e promoveu uma encenação de *Hamlet* que marcou história no palco alemão, enfatizando a dimensão psicológica da peça. Já o

---

[146] O narrador fornece a informação: "Já há algum tempo, Wilhelm vinha-se dedicando a uma tradução de *Hamlet*; para tanto servia-se do engenhoso trabalho de Wieland, graças ao qual tomara contato pela primeira vez com Shakespeare" (Goethe, *Os anos de aprendizado de Wilhelm Meister*, *op. cit.*, p. 292).

[147] Questão central, pois, no século XVIII alemão (e o mesmo vale para os Oitocentos na Rússia e na América Latina), "o que se considerava 'cultura' era importado da França, incluindo o francês, usado pela elite, assim como a literatura francesa era adotada como modelo. A ideia aristocrática da inferioridade alemã é corroborada pela trama narrativa" (Kullmann, Thomas. The *Hamlet* Project in Goethe's *Wilhelm Meister's Years of Apprenticeship*. In: *Multicultural Shakespeare*: *Translation, Appropriation and Performance*, v. 15, n. 30, 2017, p. 149).

personagem Wilhelm Meister refere-se a Shakespeare com palavras que recordam o favor concedido por Machado de Assis ao Bardo.

> – Sim – disse Wilhelm –, não me lembro de nenhum outro livro, ser humano nem de qualquer outro acontecimento da vida que tanta impressão me tenha causado quanto essas peças magníficas que, graças à sua bondade, pude conhecer. Parecem obra de um gênio celestial, que se aproxima dos homens para lhes dar a conhecer a si mesmos da maneira mais natural. Não são composições poéticas! Acreditamos encontrar-nos diante dos colossais livros do destino em que, uma vez abertos, sibila o vento impetuoso da mais agitada vida, e com uma rapidez e violência que vai virando as páginas.[148]

No despretensioso conto "Tempo de crise", publicado em 1873, em meio ao prosaísmo da anedota, um personagem improvisa um aforismo: "Dizem de Shakespeare que, se a humanidade perecesse, ele só poderia compô-la, pois que não deixou intacta uma fibra sequer do coração humano".[149] No capítulo IX de *Dom Casmurro*, "A ópera", a teoria de um velho tenor italiano, Marcolini,[150] resulta numa afirmação tão inusitada quanto genial. Shakespeare

---

[148] *Idem*, p. 194.

[149] Assis, Machado de. Tempo de crise. *Contos fluminenses*. In: *Obra Completa*. Vol. II, *op. cit.*, p. 1143.

[150] "– A vida é uma ópera e uma grande ópera. [...] Deus é o poeta. A música é de Satanás. [...] Satanás suplicou ainda, sem melhor fortuna, até que Deus, cansado e cheio de misericórdia, consentiu em que a ópera fosse executada, mas fora do céu. Criou um teatro especial, este planeta, e inventou uma companhia inteira,

foi o maior de todos; afinal, "o poeta inglês não teve outro gênio senão transcrever a letra da ópera, com tal arte e fidelidade, que parece ele próprio o autor da composição; mas, evidentemente, é um plagiário".[151] Entenda-se: o autor de *A tempestade* "plagiou" os *colossais livros do destino* diretamente de Deus!

Há, contudo, um elemento que Augusto Meyer não valorizou: como desconsiderar o destino trágico da "esquisita figurinha" *num país escravocrata*? Raptada por uma trupe de saltimbancos, Mignon foi submetida a toda sorte de violência, sendo resgatada por Wilhelm Meister, que a comprou para livrar a menina de humilhações e abusos.[152] Ela se tornou uma espécie de "serva" de seu benfeitor e terminou por se apaixonar por ele: improvável antecipação da dialética hegeliana do Senhorio e da Servidão? O amor de Mignon não é (não podia ser) correspondido, e ela vem a falecer.[153] Nesse horizonte, a "Balada" adquire outro significado, sugerido no diálogo de Mignon com Wilhelm Meister: ela nunca retornará à "região do laranjal

---

com todas as partes, primárias e comprimárias, coros e bailarinos" (Assis, *Dom Casmurro*, *op. cit.*, p. 913-914).

[151] *Idem*, p. 914.

[152] No capítulo 4 do Livro II, ocorre o resgate: "[Wilhelm] abrindo caminho entre a multidão, avistou horrorizado o dono da companhia de funâmbulos que se esfalfava em arrastar pelos cabelos aquela interessante criança, obrigando-a a sair de casa e golpeando sem piedade aquele corpinho com o cabo de um chicote" (Goethe, *Os anos de aprendizado de Wilhelm Meister*, *op. cit.*, p. 111).

[153] Ver o capítulo 5 do Livro VIII. Anoto uma possibilidade para um futuro ensaio: em que medida o conto de 1871 de Machado de Assis "Mariana" não supõe uma reescrita surpreendente da personagem do romance de Goethe?

florido"; ela foi violentamente retirada das cercanias da "montanha ao longe enevoada".[154] Resgatada por Wilhelm Meister, "ascendeu" à posição de "serva". Sua expressão era um híbrido nem sempre inteligível: alemão, falado aos trancos e barrancos, mesclado com arremedos de italiano e de francês, como se fosse uma eterna criança, indefesa até no vernáculo: "em harmonia com a linguagem entrecortada e a incoerência".[155] A precariedade da linguagem vale como índice de sua posição socialmente vulnerável. Sem forçar muito a mão, retornamos ao "dilema de Prudêncio" e sua regressão linguística ao se ver confrontado pelo antigo senhor.

Há mais: na apropriação criativa de Gonçalves Dias, e me aproveito do estudo de Augusto Meyer, não só dois versos são pulados, como também um travessão enfático é incluído para salientar a repetição da voz que obsedava o poeta brasileiro:

> *Kennst du es wohl? – Dahin, dahin!*

No original, lê-se:

> *Kennst du es wol?*
> *Dahin! Dahin!*

[154] No capítulo 3 do Livro V, um médico revela a Wilhelm o passado de Mignon: "A natureza estranha dessa boa criança, de quem falamos agora, consiste quase exclusivamente numa profunda nostalgia; o desejo louco de rever sua pátria, e o desejo pelo senhor [...]. Ela deve ser das imediações de Milão e foi raptada ainda muito pequena por uma trupe de saltimbancos" (Goethe, *Os anos de aprendizado de Wilhelm Meister*, *op. cit.*, p. 497).

[155] *Idem*, p. 152.

Assim Nicolino Simone Neto traduziu a "Balada":

> Não o conheces?
> Pois lá, para lá,[156]

Sobretudo, recorde-se como a performance de Mignon é descrita no romance de Goethe:

> Ela começava cada verso com um tom solene e majestoso, como se quisesse chamar a atenção para algo singular, como se quisesse expor algo importante. No terceiro verso a canção ganhava o som mais indistinto e mais sombrio; aquilo de "*Não o conheces?*", ela o entoava com mistério e compassadamente; no "*Pois lá, para lá*" havia uma nostalgia irresistível, e cada vez que repetia "*Quisera ir*", sabia imprimir uma mudança de tal ordem, que ora soava suplicante e urgente, ora estimulante e promissora.[157]

O poeta brasileiro transformou a ordem dos versos da "Balada", mas não o fez aleatoriamente! É como se ele "traduzisse" o Goethe, autor da letra da canção, inspirado no *Wilhelm Meister*. Ao comentar o canto de Mignon, o narrador destaca três passagens da "Balada":

> Não o conheces?
> Pois lá, para lá
> Quisera ir

---

[156] Para a tradução na íntegra da "Balada de Mignon", ver, Capítulo 1, Livro III, p. 151.

[157] Goethe, *Os anos de aprendizado de Wilhelm Meister*, *op. cit.*, p. 152, grifos meus.

Gonçalves Dias reuniu os três excertos para compor os dois versos finais da epígrafe:

Kennst du es wohl? – Dahin, dahin!
Möcht ich – ziehn.

E o que dizer da interpretação musical de Mignon? Fecho os olhos e me imagino diante da Vidinha, personagem das *Memórias de um sargento de milícias*. Paramos todos para escutar a "modinha cantada naquele tom apaixonadamente poético que faz *uma das nossas raras originalidades*", nas palavras que já evocamos de Manuel Antônio de Almeida. Ou para admirar a menina "que ora soava suplicante e urgente, ora estimulante e promissora". Nostalgia que fornece outro elo entre o poeta brasileiro e o autor alemão: destaque-se "o *topos* aqui utilizado do *Sehnsucht*, ou anseio, desejo, por algo inatingível, tema fundamental do Romantismo alemão".[158] Mignon e Vidinha dão-se as mãos e comovem a todos que escutam seu canto.

Inquietante, para dizer o mínimo, a epígrafe escolhida por Gonçalves Dias: difícil imaginar um destino mais desterrado do que o de Mignon: sua balada não deixa de ser uma *canção do exílio*. *Em alemão*. E sem retorno à pátria.

(Augusto Meyer!)

Assinale-se também a análise de Cesare Segre, que vale a pena transcrever numa citação generosa:

---

[158] Werkema, Dois motivos mais que românticos na poesia de Gonçalves Dias, *op. cit.*, p. 85.

> O poema apresenta-se através da epígrafe goethiana, como uma resposta contrapositiva. A quem pergunta: "Kennst du das Land?". G.D. fala de sua própria terra ("Minha terra"), ou seja, opõe ao anelo para um país de sonho a saudade do seu tão pranteado. Isso é confirmado, ademais, pelo confronto entre o potencial "Dahin, dahin! / möcht'ich... ziehn!" e o deprecativo, mas em substância desiderativo "Não permita Deus que eu morra / Sem que eu volte para lá", e em especial pela substituição de *voltar*, que implica uma presença anterior, a *ziehen*.
> [...]
> Mostra-o, igualmente bem, o confronto entre *ziehen*, que implica uma relação entre dois sujeitos, e *voltar*, que implica um único sujeito.[159]

Voltar, sim, sempre; mas desde que *sozinho*. Ou *somente* acompanhado da lembrança das palmeiras e do Sabiá. E do céu. E das várzeas. E dos bosques. A presença prévia pressuposta pelo verbo *voltar* esvazia-se de humanidade; no mínimo, confere à natureza o protagonismo da cena – numa moldura tranquilizadora, como na cena brutal da aquarela-denúncia de Debret. Brutalidade que talvez esclareça a ausência das gentes brasileiras no poema de Gonçalves Dias. A contracorrente, tudo foi dito nos primeiros versos do poema de Oswald de Andrade, "Canto do regresso à pátria":

> Minha terra tem palmares
> Onde gorjeia o mar
> Os passarinhos daqui
> Não cantam como os de lá[160]

---

[159] Segre, A "Canção do exílio" de Gonçalves Dias ou as estruturas do tempo, *op. cit.*, p. 144-145.

[160] Andrade, Oswald de. Canto de regresso à pátria. In: *Pau-Brasil*, *op. cit.*, p. 139.

Palmeiras, metonímia do país-paisagem, natureza sem história, é sugestivamente substituída por *Palmares*, metáfora da nação-que-nunca-foi, precisamente em virtude da história violenta da formação social de um país fundado na escravidão. O mar que gorjeia é bem o Atlântico Negro, na expressão forte de Paul Gilroy,[161] ou seja, oceano tornado via de deslocamento forçado de milhões de corpos escravizados.

Na expressão arguta de Luiz Felipe de Alencastro, o Brasil se formou no Atlântico Sul, por meio da triangulação transnacional entre Europa, Brasil e África, na montagem da indústria açucareira, cuja base produtiva foi o alicerce da sociedade escravocrata no período colonial. Em suas palavras: "Quer dizer então que o Brasil nasceu fora do Brasil? É exatamente isso: tal é o paradoxo histórico que pretendo demonstrar".[162] A observação é uma faca só lâmina: antes mesmo da ideia de Brasil ter sido concebida, a oposição adverbial se impôs: o cá, nesse caso, foi o Atlântico Sul, o lá, o futuro país-paisagem. O Atlântico Sul foi o oceano-ponte entre a monocultura escravista, montada no Nordeste, a zona de captura de

---

[161] Gilroy, Paul. *O Atlântico Negro: modernidade e dupla consciência*. Tradução de Cid Knipel Moreira. São Paulo: Editora 34, 2001. No prefácio à edição brasileira, o autor esclareceu: "A contaminação líquida do mar envolveu tanto mistura quanto movimento. [...] a ideia do Atlântico Negro pode não só aprofundar nossa compreensão sobre o poder comercial e estatal e sua relação com o território e o espaço, mas também resume alguns dos árduos problemas conceituais que podem aprisionar ou enriquecer a própria ideia de cultura" (p. 15).

[162] Alencastro, Luiz Felipe de. *O trato dos viventes: a formação do Brasil no Atlântico Sul*. São Paulo: Companhia das Letras, 2000, p. 9.

escravizados, localizada sobretudo em Angola, e o centro do comando, sediado em Lisboa, mas viabilizado por financiamentos de várias origens, numa marca constante dos impasses do Império ultramarino português, sempre dependente de outros centros europeus. Desde seus primórdios, a engrenagem-Brasil montou-se com base num tripé, cujo eixo gira para beneficiar uma minoria às custas das terras e das gentes – encontradas aqui ou trazidas à força. Daí, o tom melancólico da conclusão do livro:

> No final do século XVII o Brasil formado a partir de Angola estava prontinho. O mercado transatlântico impusera o primado do tráfico negreiro, interpretado pela igreja como obra de caridade cristã e evangelização. O escravismo dominava tudo, a barreira indígena no interior fora destroçada [...].
> A história do mercado brasileiro, amanhado pela pilhagem e pelo comércio é longa, a história da nação brasileira, fundada na violência e no consentimento, é curta.[163]

Curta e, sobretudo, incerta. Um país construído prioritariamente com base no trabalho escravo pode até ser "bem-sucedido" para uma minoria que sustenta seus luxos, arbítrios e caprichos às expensas de todos, que, por isso mesmo, não costumam ter voz no "plebiscito diário" imaginado por Ernst Renan. Se o dilema segue atual no Brasil do século XXI, sua força era paralisante em 1843, ano de composição do poema-sintoma. Como abordar abertamente o impasse e ainda assim sonhar com uma

[163] *Idem*, p. 353 e 355.

carreira intelectual, que por muito tempo só foi possível com apoio do Imperador Pedro II ou pelo menos com a promessa de algum tipo de sinecura estatal?

(Havia muito perigo nas esquinas, e o sinal estaria permanentemente fechado para quem ousasse ultrapassar certos limites. Por exemplo, prezar pela autonomia intelectual.)

Uma reflexão de Renan ajuda a equacionar o dilema brasileiro, tal como expresso na "Canção do exílio":

> Ora, a essência de uma nação é que todos os indivíduos tenham muito em comum, e também que *tenham esquecido muitas coisas*. Nenhum cidadão francês sabe se é burgúndio, alano, taifale, visigodo; todo cidadão francês precisa ter esquecido São Bartolomeu, os massacres do Sul no século XIII. [...]
> A nação moderna é portanto um resultado histórico produzido por uma série de fatos que convergem para um mesmo ponto.[164]

Palestra pronunciada na Sorbonne em 1882. É sintomático que Renan tenha recuado tanto no tempo ao invocar o imperativo categórico do olvido. A Noite de São Bartolomeu teve lugar no dia 5 de agosto de 1572, e a perseguição religiosa prolongou-se até outubro, ocasionando a morte de milhares de huguenotes, em mais um episódio sangrento das Guerras Religiosas que opuseram católicos e protestantes. O segundo exemplo aludido remontou ao século XIII e à Cruzada Albigense, ou seja, à

[164] Renan, O que é uma nação?, *op. cit.*, p. 20, grifos meus.

ampliação do poder da Casa Real dos Capeto e ao reforço da influência da Igreja Católica em sua disputa com os cátaros. Por que deliberadamente se *esqueceu* um trauma muito mais recente, ainda fresco na memória nacional? Penso na Comuna de Paris. Em março de 1871, pela primeira vez na história, o proletariado francês tomou o poder político e assenhoreou-se de Paris, dando início a uma experiência inédita de autogestão, em meio aos insucessos do governo que se agravaram com a derrota na Guerra Franco-Prussiana. Em maio, porém, a Comuna foi arrasada, e os *communards* foram massacrados na Semana Sangrenta. As estimativas são assustadoras: 20 mil mortos e milhares presos ou deportados – uma mancha na história francesa que nunca foi de todo superada. Cauteloso, Renan projetou no passado distante sua exigência de esquecimento, já que o presente imediato era propriamente insuportável.

Gonçalves Dias lançou mão de procedimento similar, embora tenha deslocado a necessidade da desmemória para a natureza, e não para o tempo histórico. Por quê? O verso de Oswald de Andrade permite responder à questão: "Minha terra tem palmares". Numa palavra: *quilombo*. Isto é, o esquecimento mais saliente da história colonial brasileira; esquecimento sem o qual o projeto de exclusão social não teria permanecido até os dias atuais. Gonçalves Dias antecipou Ernst Renan, *todo cidadão brasileiro precisa ter esquecido o presente da escravidão*. Clóvis Moura abriu nossos olhos:

> O certo é que, onde quer que a escravidão tivesse se instalado, os quilombos eram uma constante. Elemento de fricção e desgaste permanente [...].

> [...] a República de Palmares, que vai de 1630 (aproximadamente) a 1695. Isso demonstra, de um lado, a existência de um sistema escravista de âmbito nacional, e, de outro, a participação do escravo rebelde, no sentido de querer extinguir esse sistema, por ser o agente histórico e social no qual a contradição fundamental do escravismo se manifesta mais agudamente. Dessa forma, não podemos deixar de ver o quilombo como um elemento dinâmico de desgaste das relações escravistas.[165]

Em que medida o êxito incomum da "Canção do exílio" também pode ser atribuído a esse apagamento? Na supressão dos conflitos, o país-paisagem pode ser idealizado como pura natureza. O povo ausente no poema-sintoma é parte do projeto de assegurar que os brasileiros *tenham esquecido muitas coisas*, especialmente a potência da quilombagem como a imagem alternativa de uma nação que nunca se concretizou. Apagamento metódico, como Beatriz Nascimento demonstrou: "Sabe-se que existiram quilombos no Brasil desde 1559 e que eles vieram da Bacia do Congo. Mas para os historiadores eles aparecem a partir do ano 1700, pois os documentos, da história jurídica inclusive, foram dados pela Corte Portuguesa. Eles contam como foi a repressão aos quilombos. E praticamente nada sobre suas vidas".[166]

Por enquanto.

(Quantas vezes eu pensei em me jogar daqui.)

---

[165] Moura, Clóvis. *Quilombos: resistência ao escravismo*. São Paulo: Expressão Popular, 2020, p. 48-49.

[166] Nascimento, Beatriz. Quilombo: em Palmares, na favela, no carnaval. In: Ratts, Alex (Org.). *O negro visto por ele mesmo*: *ensaios, entrevistas e prosa*. São Paulo: UBU, 2022, p. 132.

Exílio. Ainda?

A sentença ganha a força necessária: o exílio é a forma própria do país-Brasil. A canção de Gonçalves Dias, ao privilegiar o país-paisagem, resolve – ou, melhor dito, posterga – o dilema que nunca enfrentamos para valer. A trilha sonora da nação-Brasil só deixará de ser uma "Canção do exílio" quando as gentes do Brasil, todas elas, se tornarem protagonistas na "minha terra tem palmeiras". Mas sem esquecer, segundo o verso de Oswald de Andrade, que ainda hoje "tem palmares". E muitos. Até lá a promessa de nação permanecerá uma miragem, como a "região do laranjal florido".

(Advérbio-espectro: *ainda*.)

A experiência de pensamento favorecida pelo gesto comparativo assume finalmente outra face: menos ingênua, mais histórica. O ato de comparar o que há de comum com outros lugares, a fim de afirmar o caráter superlativo do próprio, permitiu ignorar o presente escravocrata, que, no entanto, é oblíqua e paradoxalmente evocado na epígrafe de "Canção do exílio".

O dilema não era trivial: como mencionar o "povo" se uma parcela considerável da população era escravizada? Contudo, sem tal noção-chave, como sequer conceber o projeto da nação-Brasil? Gonçalves Dias encontrou uma resposta hábil. A simplicidade formal, sempre elogiada como índice de fatura literária superior, implicou também, e estrategicamente, a supressão dos elementos históricos que tornariam o exílio a imagem indesejada de uma parcela considerável da população, exilada violentamente de sua própria humanidade, em virtude da coisificação do outro que é a base mesma do sistema escravocrata. Nos versos iniciais do Hino Nacional, a opção pelo país-paisagem chegou ao paroxismo, com uma natureza exuberante a driblar a brutalidade da história:

> Ouviram do Ipiranga as margens plácidas
> De um povo heroico, o brado retumbante

Você se recorda que assinalei a importância do adjetivo *plácida* na avaliação crítica de Sílvio Romero? Coloquemos a frase na ordem direta?

> As margens plácidas do Ipiranga ouviram
> O brado retumbante de um povo heroico

O sujeito da oração? As *margens plácidas*. Pura natureza e ainda por cima apaziguadora, e isso no instante da ruptura com o poder colonial: nessa hora, *margens plácidas*? Não seriam, antes, rebeldes, revolucionárias? Talvez a atmosfera bélica não se tenha imposto porque a Casa de Bragança foi destronada, claro, mas para ocupar o trono no Brasil – bem entendido. E como se não bastasse, o *povo heroico* é o último termo da frase. Claro enigma esclarecido: sem povo na equação, *plácida* pode ser a representação do país-paisagem. Carlos Drummond de Andrade afiou nossa percepção do dilema com "Hino Nacional", poema publicado em *Brejo das almas*, em 1934. Paródia corrosiva de panegíricos e ufanismos, a estrofe final vale por um ensaio (*ainda*) não escrito na tradição do pensamento social brasileiro:

> Precisamos, precisamos esquecer o Brasil!
> Tão majestoso, tão sem limites, tão despropositado,
> ele quer repousar de nossos terríveis carinhos.
> O Brasil não nos quer! Está farto de nós!
> Nosso Brasil é no outro mundo. Este não é o Brasil.
> Nenhum Brasil existe. *E acaso existirão os brasileiros?*[167]

Pergunta duríssima que se poderia dirigir ao autor da "Canção do exílio". Só há natureza no país-paisagem? Anote-se o aço da questão: o Brasil "não existir" não é tão grave. O verso poderia alvejar o "Brasil oficial" dos mapas criativos, das estatísticas otimistas, dos discursos vazios, das ações pouco lisonjeiras dos homens que exercem os podres poderes. Tal crítica poderia significar o elogio do "Brasil profundo", domínio inexplorado, mas que estaria concentrado no povo – nos brasileiros do poema. Porém, se até eles não têm existência assegurada, o que resta?

(Era um cômodo incômodo.)

Por que não começar com o desconcertante poema "Nova canção do exílio", de Carlos Drummond de Andrade? Numa operação hermenêutica impecável, o poeta mineiro radicaliza a supressão das gentes da minha terra tem palmeiras, obtendo um efeito de choque:

> Um sabiá
> na palmeira, longe.
> Estas aves cantam
> um outro canto.

---

[167] Andrade, Carlos Drummond de. Hino Nacional. *Brejo das almas*. In: *Poesia e prosa*. Organizado pelo autor. Rio de Janeiro: Nova Aguilar, 1988, p. 45, grifo meu.

O céu cintila
sobre flores úmidas.
Vozes na mata,
e o maior amor.

Só, na noite,
seria feliz:
um sabiá,
na palmeira, longe.

Onde é tudo belo
e fantástico,
só, na noite,
seria feliz.
(Um sabiá
na palmeira, longe.)

Ainda um grito de vida e
voltar
para onde é tudo belo
e fantástico:
a palmeira, o sabiá,
o longe.[168]

Drummond é meticuloso na emulação do poema-sintoma da nacionalidade. Idêntico número de versos, mesma estrutura: três estrofes iniciais de quatro versos e duas estrofes finais de seis versos. Reiteração maliciosa da temática. Seguimos às voltas com sabiá, palmeira, céu, flores, mata e até amor – o maior. Contudo, sutis modificações subvertem completamente a "Canção" original. Nas três primeiras ocorrências, o sabiá é

[168] Andrade, Carlos Drummond de. Nova canção do exílio. *A rosa do povo*. In: *Poesia e prosa, op. cit.*, p. 180.

indeterminado: *um sabiá*; somente no penúltimo verso retornamos ao padrão gonçalvino, *o sabiá*, que, no entanto, perde silenciosamente o protagonismo para um advérbio. Drummond insiste no advérbio inédito em Gonçalves Dias, *longe*, que se repete quatro vezes e no verso final é substantivado, *o longe*. Pista importante: a distância não mais supõe necessariamente um oceano entre o poeta e a pátria – o Atlântico Negro, claro está. Próximo passo: Gonçalves Dias subjetivou ao máximo a experiência da saudade pela onipresença do pronome pessoal de primeira pessoa, *eu*, em generosas cinco aparições. Reitero: subjetivação ampliada pelo único adjetivo de toda a "Canção", "Em cismar –*sozinho* – à noite –"; afinal, se acompanhado, como poderia o poeta evitar a presença de escravizados? Nesse caso, como idealizar "minha terra"? Drummond objetivou ao máximo o exercício de releitura pela supressão do pronome pessoal; operação agravada pela atmosfera paratática da enumeração, "Um sabiá/ na palmeira, longe". Nos dois últimos versos, a ordem dos fatores altera a equação: "a palmeira, o sabiá/ o longe". Uma tela cubista não faria elogio mais adequado da superfície em detrimento de qualquer ilusão de profundidade. É como se os termos não guardassem relação entre si. Numa intuição poética que vale por um ensaio crítico, Drummond homenageou a forma paratática da visualidade da "Canção do exílio", no rastro da lição das coisas de Gonçalves Dias na edição de 1846:

> Em cismar – sozinho – à noite –

Na fórmula drummondiana:

a palmeira, o sabiá,
o longe

Poderíamos facilmente fundir os dois instantes poéticos:

a palmeira – o sabiá – o longe

(Drummond!)

Em outras palavras, se Gonçalves Dias suprimiu (parcialmente) o povo, é como se Drummond tivesse suprimido (parcialmente) o eu lírico. Último indício, este decisivo: Drummond eliminou a oposição adverbial; o que radicalmente é novo em sua "Canção" é a ausência conspícua do "cá" e do "lá". Não é esse par de advérbios opostos que, junto com o sabiá e as palmeiras, singularizam o poema? Por que eliminá-los? Talvez porque, menos do que exílio, estejamos tratando de desterro. Na própria terra. Carlos Drummond de Andrade, leitor de *Raízes do Brasil*: "Trazendo de países distantes nossas formas de convívio, nossas instituições, nossas ideias, e timbrando em manter tudo isso em ambiente muitas vezes desfavorável e hostil, *somos ainda hoje uns desterrados em nossa terra*".[169]

A terra das palmeiras. E também de Palmares.

(Finalmente.)

O receio de reunir palmeiras e Palmares é fruto da recusa de enfrentar o dilema brasileiro: somos um país

---

[169] Holanda, Sérgio Buarque de. (1936). *Raízes do Brasil*. Rio de Janeiro: José Olympio, 1967, p. 3, grifos meus.

muito bem-sucedido, a oitava economia do mundo. Ao mesmo tempo, nunca estivemos sequer próximos de forjar uma nação, pois, em boa medida, o povo continua ausente. Por isso, também somos a oitava sociedade mais desigual do planeta. A perversidade dessa simetria só não é mais perversa do que nossa naturalização do absurdo implícito na aparente neutralidade das estatísticas. Todo projeto de construção de uma ordem política alternativa tem sido violentamente reprimido na história do Brasil. Na interpretação de Clóvis Moura, esse foi o fator determinante para a destruição da República de Palmares: "Um embrião de nação foi destruído para que o seu exemplo não determinasse uma economia que transcendesse os padrões econômicos e políticos do sistema escravista".[170] Nessas circunstâncias, o imperativo categórico da nacionalidade sofre uma alteração radical. Orides Fontela deu conta do recado num poema tão conciso quanto incisivo, "Kant (relido)":

> Duas coisas admiro: a dura lei
> cobrindo-me
> e o céu estrelado
> dentro de mim.[171]

---

[170] Moura, Clóvis. Sociologia da República dos Palmares. In: *Sociologia do negro brasileiro*. 2. ed. São Paulo: Perspectiva, 2025, p. 220.

[171] Fontela, Orides. Kant (relido). *Orides Fontela: poesia completa.* Organização de Luis Dolhnikoff. São Paulo: Hedra, 2015, p. 227. Uma análise iluminadora do poema pode ser lida no artigo de Patrícia Lavelle "Poesia, mito e filosofia: uma leitura insistente de Orides Fontela" (*Alea*, v. 21/2, p. 207-218, maio-ago. 2019). Ver, especialmente, o exame da releitura do mito de Gaia e Uranos, sutilmente realizada pela poeta (p. 216).

Assinale-se a vocação fenomenológica do título, situando a releitura entre parênteses, numa suspensão que somente intensifica a voltagem dos versos. A *dura lei* pode ser a lei moral, sempre severa, particularmente se for de inspiração kantiana, afetando a todos do mesmo modo. Curto-circuito em potencial que associa a conclusão do ensaio de José Guilherme Merquior, a epígrafe da "Canção do exílio", a formação social brasileira e os versos desconcertantes de Orides Fontela. Nessa constelação inesperada, a *dura lei* evoca, antes, o império do arbítrio e a naturalização da violência que se impõem numa sociedade escravocrata. Tal ordenação jurídica não assegura a igualdade perante a lei, porém, pelo contrário, consagra o paradoxo de um país fundado na desigualdade. A lei é convertida no seu oposto, conforme o provérbio popular captou com rara felicidade: "Aos amigos, tudo; aos inimigos, a lei". Roberto DaMatta desdobrou as consequências dessa inversão num tipo específico de sociabilidade, na qual ninguém deseja ser *indivíduo*, ou seja, cidadão submetido às leis como todos os demais, porém *pessoa*, isto é, alguém, ou filho de alguém (no eterno retorno da fidalguia abastardada nos tristes trópicos), que se encontra acima da lei em virtude da rede de contatos que criou ou herdou.[172] Resquício de uma ordem escravocrata que por aproximadamente quatro séculos definiu o país, a aspiração maior é a de ingressar no seleto circuito dos que fazem da impunidade um estilo de vida. À dura lei somente pode opor-se como estratégia de

---

[172] DaMatta, Roberto. *Carnavais, malandros e heróis*: *para uma sociologia do dilema brasileiro*. 6. ed. Rio de Janeiro: Rocco, 1997. Destaque-se, para essa discussão, o capítulo IV, "Sabe com quem está falando? Um ensaio sobre a distinção entre indivíduo e pessoa no Brasil", p. 179-248.

sobrevivência a internalização do céu estrelado, no privilégio concedido à experiência subjetiva ante as adversidades do mundo concreto da manutenção de hierarquias herdadas do passado escravocrata. O ensaio de Merquior é virado pelo avesso no poema de Orides Fontela: a subjetividade exuberante torna-se indício de condições objetivas adversas, inimigas até; um escudo de proteção mais do que sinônimo de riqueza interior. Mais ou menos como Gonçalves Dias nunca cogitou incluir Palmares na "Canção do exílio". E, apesar de tudo, a epígrafe do poema não deixa de intrigar – e não pelos motivos elencados com erudição por Augusto Meyer, porém pela presença do que se desejava apagar.

O recalcado sempre retorna.

(Pra que amanhã não seja só um ontem com outro nome.)

O retorno do recalcado

E o recalcado retornou na própria obra de Gonçalves Dias, como Wilton José Marques demonstrou em *O poeta na contramão*, que analisa *Meditação*.[173] Texto que, na sugestiva observação de Ana Karla Canarinos, "está na base do ensaísmo sociológico brasileiro", especialmente porque "*Meditação* antecipa diversos pontos de vista a

[173] "Pela densidade teórica e pela qualidade literária, numa prosa poética que não perde em análise, a *Meditação* resulta um texto extraordinário, apesar de ter sido relegado pela crítica. Um ensaio denso, preciso e precioso à altura de 'Nuestra América' do poeta cubano José Martí" (Molina, Diego A. A Meditação de Gonçalves Dias. A natureza dos males brasileiros. In: Revista Estudos Avançados, v. 30, n. 86, 2016, p. 249).

respeito da escravidão que serão rediscutidos tanto pelo ensaísmo de Joaquim Nabuco quanto pelos sociólogos do século XX".[174] O tema, mantido oculto na poesia, foi revelado na prosa gonçalvina.

Meditação é um fragmento composto de três capítulos, datados, respectivamente, em 23 de junho de 1845, 23 de julho de 1845 e 8 de maio de 1846. Portanto, escritos entre a composição da "Canção do exílio", em Coimbra, em julho de 1843, e a publicação dos *Primeiros Cantos*, em janeiro de 1847, com a consagração que mereceu no Brasil e em Portugal. O conjunto foi publicado na revista *Guanabara*, em 1850, e uma parte do último fragmento somente veio à luz nas obras póstumas do poeta, lançadas entre 1868 e 1869. Lúcia Miguel Pereira reconstruiu o processo de escrita do texto:

> [...] talvez seja a sua a primeira voz de poeta que se levantou em seu favor [dos escravos]. Em 1845, mal chegado ao Brasil, ainda em Caxias, começou a escrever *Meditação*, que, já pela linguagem, já pelo modo de abordar o assunto, pela significação dentro de sua obra, está mais próxima da poesia do que da prosa, embora não seja escrita em versos. Talvez o mais certo seja chamá-la poema em prosa.[175]

Nos três capítulos do *poema em prosa*, um ancião e um jovem dialogam sobre o futuro da nação. O jovem é o narrador da cena, e um tema se impôs como autêntica

---

[174] Canarinos, Ana Karla. *Meditação* e a tradição do ensaísmo brasileiro. In: Werkema, Andréa Sirihal; Marques, Wilton José (orgs.). "*A ideia como paixão*": *Gonçalves Dias pela crítica contemporânea, op. cit.*, p. 16.

[175] Pereira, *A vida de Gonçalves Dias, op. cit.*, p. 132.

encruzilhada: a escravidão. Na seção IV do primeiro capítulo, instado pelo senhor, o jovem observa o mundo à mão. O desalento não poderia ser maior, as cidades pareciam "árvores raquíticas plantadas em desertos infrutíferos", as "ruas eram tortuosas, estreitas e mal calçadas", os "palácios eram sem pompa e sem grandeza", e, desta vez, nem a natureza fugiu ao caos generalizado, os "rios – obstruídos por alguns troncos desenraizados – eram cortados por jangadas mal tecidas".[176] A razão da incultura que afetava até o mundo natural se explica rapidamente (aqui, o país-paisagem não pacifica, antes, provoca e intriga):

> E nessas cidades, vilas e aldeias, nos seus cais, praças e chafarizes – vi somente – escravos!
> E à porta ou no interior dessas casas mal construídas e nesses palácios sem elegância – escravos!
> E no adro ou debaixo das naves dos templos – de costas para as imagens sagradas, sem temor, como sem respeito – escravos!
> E nas jangadas mal tecidas – e nas canoas de um só toro de madeira – escravos; – e por toda a parte – escravos!!...[177]

Surpreende, em paralelo com a "Canção do exílio", o excesso de pontuação: travessões, pontos de exclamação e reticências – sem parcimônia alguma. No final da citação, a palavra *escravo* foi literalmente emparedada entre um travessão, dois pontos de exclamação e enfáticas reticências. Um verdadeiro arsenal tanto para encarecer a preocupação absorvente com o porvir em aparência precário do

---

[176] Dias, Gonçalves. *Meditação*. In: *Gonçalves Dias: Poesia e prosa completas, op. cit.*, p. 727.

[177] *Ibidem*.

país quanto para expressar a indignação com o tratamento desumano recebido pelos escravizados. Tudo se passa como se o tema desordenasse o controle bem exercido na "Canção do exílio". Como insistir na simplicidade dos meios diante da brutalidade do fenômeno considerado? Não terá chegado a hora de dar nome próprio às coisas?

(Aí, o tempero do mar foi lágrima de preto.)

É o que vemos no conto "A escrava", publicado na *Revista Maranhense*, em novembro de 1887. A autora, Maria Firmina dos Reis, foi pioneira em dar voz a uma escravizada sem qualquer traço de caricatura linguística. Nada de "Pois não, nhonhô. Nhonhô manda, não pede". Joana, no leito de morte, enlouquecera depois que teve dois filhos vendidos como mercadoria. Sua fala é lúcida, altiva e seu discurso é um emocionante manifesto em favor da dignidade e da liberdade:

> Ela recolheu-se por algum tempo, depois tomando-me as mãos, beijou-as com reconhecimento.
> – Ah! Se pudesse, nesta hora extrema ver meus pobres filhos, Carlos e Urbano!... Nunca mais os verei!
> Tinham oito anos.
> Um homem apeou-se à porta do Engenho, onde juntos trabalhavam meus pobres filhos – *era um traficante de carne humana. Ente abjeto, e sem coração*! Homem a quem as lágrimas de uma mãe não podem comover, nem comovem os soluços do inocente.[178]

Conto-quilombagem que não hesita em qualificar da única forma possível os *traficantes de carne humana*. Se a

---

[178] Reis, Maria Firmina dos. A escrava. In: *A escrava. Antologia de prosa e versos*. São Paulo: Hedra, 2021, p. 25, grifos meus.

"Canção do exílio" escamoteou o problema, a terceira seção do primeiro capítulo de *Meditação* é de uma violência tão extrema que chega a rivalizar com as aquarelas de Jean-Baptiste Debret, nas quais os escravizados são brutalmente punidos em locais públicos, sem qualquer espécie de escrúpulo ou de discrição. Julgue por si só:

> E eu falava ainda – quando um mancebo imberbe, saindo dentre os homens de cor branca, açoitou as faces de outro de cor preta com o reverso de sua mão esquerda.
> E o ofendido, velho e curvado sob o peso dos anos, cruzou os braços musculosos apesar da velhice, e deixou pender a cabeça sobre o peito.
> E após um instante de silêncio profundo, arrojou-se aos pés de um ancião de cor branca, clamando justiça com voz abafada.
> [...]
> E os elos da corrente, que manietava os homens de cor preta, soltaram um som áspero e discorde como o rugido de uma pantera.
> E eu vi que esses homens tentavam desligar-se das suas cadeias, e que dos pulsos roxeados lhes corria o sangue sobre as suas algemas.
> E vi que o ferro resistia às suas tentativas; mas também vi que a sua raiva era frenética, e que o sangue que lhes manava das feridas cerceava o ferro como o enxofre incendido.[179]

Parágrafos perturbadores, raio-X da vida brasileira marcada pelo arbítrio do mais poderoso, mas também

[179] Dias, Gonçalves. *Meditação*. In: *Gonçalves Dias: Poesia e prosa completas*, *op. cit.*, p. 726.

definida pela explosão potencial do elo mais fraco da corrente. O rapaz que agride o escravizado é "imberbe", já o "velho ofendido", apesar do peso dos anos e sobretudo dos maus-tratos que recebeu, "cruzou os braços musculosos". Não há dúvida do que aconteceria num confronto entre os dois sem as peias da hierarquia inamovível que os aparta. O velho escravizado pode ter cruzado os braços, mas não se conformou, procurou um "ancião de cor branca", provavelmente o seu senhor, "clamando justiça com voz abafada". Sabe que não a receberá, porém, mesmo em condições intoleráveis, preserva sua dignidade, ao mover as correntes que o manietam como se fosse "o rugido de uma pantera". Situação que, longe de ser episódica, individual, era coletiva, estrutural. O jovem narrador viu que "esses homens tentavam desligar-se das suas cadeias", e ainda que os escravizados não fossem bem-sucedidos, "também vi que a sua raiva era frenética". Tivessem uma oportunidade e certamente buscariam refúgio num quilombo, deixando para trás, o mais longe possível, os tantos desprezíveis *traficantes de carne humana*.

(*O longe*: finalmente, as palmeiras encontraram Palmares.)

Pelo avesso, retornamos a Hegel: *sociedade política alguma pode ser criada* sem a possibilidade de lutar pelo reconhecimento do Outro – e como um escravizado poderia fazê-lo a não ser por meio da quilombagem? Desenha-se na *Meditação* inconclusa o fator que manteve as elites brasileiras unidas em tempos de crise e que ainda hoje dita o ritmo da política nacional – união inequívoca, uníssono sem jamais desafinar, sempre que se "ameaça" romper com círculo de ferro da desigualdade social. No século XIX, tratava-se do fantasmático "medo do Haiti". Temia-se que a Revolução de 1791 inspirasse os escravizados e conduzisse a uma rebelião generalizada contra o desumano regime da escravidão.[180] O sentimento foi muito mais presente do que se reconhece:

> "As cenas de São Domingo", como se referiam ao fato, determinaram uma série de medidas acauteladoras por parte dessas autoridades. A correspondência sobre o assunto é abundante. E no Brasil, em particular, o medo se desenvolveu à medida que avançavam as lutas dos escravos aqui.
> Varnhagen, por exemplo, faz uma ligação entre as ideias "incendiárias" que alimentam a Inconfidência Baiana de 1798 e o movimento dos escravos do Haiti.[181]

Já nos séculos XX e XXI, as novas elites se irmanam numa resistência irracional à incorporação ativa das classes trabalhadoras e de grupos mais vulneráveis na participação política e em programas de inclusão social. Essas elites responderam e continuam respondendo com indiferença ao alerta de Carlos Drummond de Andrade; para elas, no fundo, os brasileiros pobres só deveriam existir para melhor servir seus caprichos.

---

[180] Destaca-se, aqui, o trabalho de Marcus Queiroz: *Constitucionalismo brasileiro e o Atlântico Negro*: *a experiência constituinte de 1823 diante da Revolução Haitiana* (Rio de Janeiro: Lumen Juris, 2025) e *Assombros da Casa-Grande: a Constituição de 1824 e as vidas póstumas da escravidão* (São Paulo: Fósforo, 2024).

[181] Moura, *Quilombos, op. cit.*, p. 100.

Na *Meditação*, o poeta não fez concessões no plano da reflexão, muito embora tenha sabido aguardar o momento azado para dar a conhecer a radicalidade de seu entendimento acerca do dilema brasileiro: "para que o texto viesse à luz pela revista *Guanabara*, foi preciso esperar até 1850, quando o poeta já era um autor consagrado, pois, além do reconhecimento crítico de seus pares, tanto os *Primeiros Cantos* (1846) quando os *Segundos Cantos* (1848) já haviam caído no gosto do público".[182]

A reação do sistema literário foi previsível: *Meditação* caiu no esquecimento preconizado por Ernst Renan. Previsível e até perversa: também reduziu a potência da "Canção do exílio", que se tornou "banalizada a ponto de perder a magia que no entanto a percorre de ponta a ponta".[183]

(A escravidão, as chibatadas levadas na senzala se mantêm vivas todo dia no quarto sala.)

Coda

Vilém Flusser publicou em 1994 um ensaio que possibilita uma compreensão outra da "Canção do exílio" e do gesto comparativo como ato filosófico. O título é em si mesmo um ato de leitura, *Fenomenologia do brasileiro*,

---

[182] Marques, *Gonçalves Dias*: *o poeta na contramão*, *op. cit.*, p. 29. O projeto de Gonçalves Dias era tão ousado quanto ambicioso: "o desejo do poeta de também interferir, ao menos literariamente, no aperfeiçoamento do processo formativo da sociedade brasileira, cuja ascensão à civilidade, para ele, passava pelo fim do trabalho escravo" (p. 267).

[183] Candido, *Formação da Literatura Brasileira*, *op. cit.*, p. 401.

como se o habitante dos tristes trópicos não permitisse uma abordagem ontológica, porém autorizasse somente uma mirada fenomenológica. O exílio, mais do que tema de canção, seria a condição definidora dessa residência especial na terra. Exatamente como Mário de Andrade concebeu a personagem de sua rapsódia: "Macu não era *o* brasileiro, porém que ninguém não podia negar que era *bem* brasileiro".[184] Logo, para ser *bem* brasileiro é necessário nunca encontrar *o* brasileiro. Por que não lançar mão de modestas reticências que fenomenologicamente suspendam o processo histórico?

> Porque faz parte da essência do brasileiro não ser real (estado), mas virtual (processo). A essência brasileira não é uma maneira de ser, mas uma maneira de buscar. O Brasil não é perfeito (no sentido de "realizado" e, portanto, "passado"), mas é assumido (no sentido de olhando para a frente, arriscado e apenas esboçado).[185]

---

[184] Vale transcrever a passagem na íntegra: "De fato nunca tive intenção de que Macunaíma não tivesse referência com o brasileiro. Até vivia falando que Macu não era *o* brasileiro, porém que ninguém não podia negar que era *bem* brasileiro. Porém Macunaíma não pode ser símbolo do brasileiro, simplesmente porque 'símbolo' empregado assim, sem mais nada, implica necessariamente totalidade psicológica. E essa Macunaíma não possui" (Santiago, Silviano (Org.). *Carlos & Mário. Correspondência completa entre Carlos Drummond de Andrade (inédita) e Mário de Andrade.* Rio de Janeiro: Bem-Te-Vi, 2002, p. 338, grifos do autor. Carta de Mário a Drummond datada de 15 de outubro de 1928).

[185] Flusser, Vilém. *Fenomenologia do brasileiro: em busca de um novo homem.* Organização de Gustavo Bernardo. Rio de Janeiro: EdUERJ, 1998, p. 54.

Contudo, e se o problema não for exatamente o embaraço no desenho do contorno de uma pretensa "totalidade psicológica"? E se o desafio não for a identificação duma complexa e fundamentalmente positiva "essência-processo"? E se a questão retornar à origem do brasileiro?

(O recado do nome: deixemos de lado a ontologia em favor da etimologia. O recalcado da história brasileira é pura redundância: a própria história do Brasil.)

Brasileiro, etimologicamente, era apenas o traficante de pau-brasil. Na língua portuguesa, o sufixo *eiro* denota profissão. *O negócio do Brasil*, para evocar o título do ensaio de Evaldo Cabral de Mello,[186] começou com o extrativismo predador e a exploração das populações originárias. Depois, tornou-se monocultura predadora e a exploração das populações escravizadas. *Brasileiro* nunca definiu uma identidade, porém designava um ofício; aliás, fundado na predação selvagem para obtenção de lucro fácil e imediato. A palavra *brasileiro* ficou registrada nos romances portugueses do século XIX em referência ao lusitano enriquecido com transações feitas no ultramar. O Basílio do romance *O primo Basílio* (1878), de Eça de Queirós, também era um "brasileiro". E, ao que parece, havia uma maneira infalível de mostrá-lo, qual seja, cantar "uma modinha brasileira da Bahia". A interpretação era o elemento decisivo:

---

[186] Mello, Evaldo Cabral de. *O negócio do Brasil. Portugal, os Países Baixos e o Nordeste*. Rio de Janeiro: Topbooks, 2003.

> Basílio parodiava o tom sentimental de alguma menina baiana; e a sua voz tinha uma preciosidade cômica, quando dizia o ritornelo choroso:
>
> E a negra para os mares
> Seus olhos alonga;
> No alto coqueiro
> Cantava a araponga.
>
> O Conselheiro achou "delicioso"; e, de pé na sala, lamentou a propósito da cantiga a condição dos escravos. Que lhe afirmavam amigos do Brasil que os negros eram muito bem tratados. Mas enfim a civilização era a civilização! E a escravatura era um estigma! Tinha todavia muita confiança no imperador...[187]

Basílio, aqui em sua versão Mignon-Vidinha, fez fortuna na exploração da borracha.[188] Muitas vezes, contudo, os "brasileiros" enriqueciam com o tráfico negreiro ou, após a promulgação da Lei Eusébio de Queirós, em 4 de setembro de 1850, com o contrabando de escravizados no interior do país. Nem é preciso cruzar o Atlântico. Recordemos o Cotrim, personagem de *Memórias póstumas de Brás Cubas*, e sua descrição acintosamente naturalizada:

---

[187] Queirós, Eça de. *O primo Basílio. (Cenas da vida doméstica)*. São Paulo: Penguin; Companhia das Letras, 2015, p. 120-121.

[188] "A sua fortuna tinha sido feita com negócio de borracha, no alto Paraguai; a grandeza da especulação trouxera a formação de uma companhia, com capitais brasileiros; mas Basílio e alguns engenheiros franceses queriam resgatar as ações brasileiras, 'que eram um *empecilho*' formar em Paris uma outra companhia, e dar ao negócio um movimento mais ousado. Basílio partira para Lisboa entender-se com alguns brasileiros, e comprara as ações habilmente" (*idem*, p. 272-273).

> Talvez pareça excessivo o escrúpulo do Cotrim, a quem não souber que ele possuía um caráter ferozmente honrado. [...] Como era muito seco de maneiras tinha inimigos, que chegavam a acusá-lo de bárbaro. O único fato alegado neste particular era o de mandar com frequência escravos ao calabouço, donde eles desciam a escorrer sangue; mas, além de que ele só mandava os perversos e os fujões, ocorre que, tendo longamente contrabandeado em escravos, habituara-se de certo modo ao trato um pouco mais duro que esse gênero de negócio requeria, e não se pode honestamente atribuir à índole original de um homem o que é puro efeito de relações sociais.[189]

O cinismo de Brás Cubas vale por uma anatomia das mazelas da formação social brasileira, com seus ritos de proximidade física epidérmica a fim de preservar a distância social, que permanece praticamente intacta. Só nesse horizonte um homem que fez fortuna com o tráfico de escravizados não é responsabilizado por sua conduta, não é apontado corretamente como um *traficante de carne humana*. No século XXI, empresário responsável por uma das maiores fraudes contábeis da história do Brasil é tratado como um empreendedor visionário. Milionários sonegadores de impostos são vistos como modelo de cidadania. Já a crueldade de Cotrim no trato com sua "propriedade" é justificada como um *puro efeito* das circunstâncias nas quais vive.

(José Ortega y Gasset reescrito à luz da escravidão?)

O sentido duro, quase inacreditável, da frase "mandar com frequência escravos ao calabouço, donde eles desciam

[189] Assis, *Memórias póstumas de Brás Cubas*, *op. cit.*, p. 711.

a escorrer sangue" foi desvendado com brilho por Flora Thomson-Deveaux, tradutora de *Memórias póstumas de Brás Cubas* para o inglês. Em sua reconstrução histórica:

> Ao contrário de outras prisões, em que tanto escravos quanto cidadãos comuns eram detidos depois de terem cometido um crime previsto pelo Código Penal da época, o Calabouço recebia sobretudo escravos fugidos, ou ainda – como os infelizes cativos do cunhado de Brás Cubas – enviados por seus senhores para serem castigados.[190]

Um centro oficial de tortura, portanto. O país se civilizava: o suplício não mais ocorria prioritariamente aos olhos de todos, mas no subterrâneo do Estado-feitor. Traço característico da história brasileira, o monopólio estatal da violência se volta contra o próprio povo

Na *Meditação* a terra de Gonçalves Dias tinha Palmares por toda a parte, como os escravizados onipresentes no fragmento em prosa. E muitas palmeiras, que nunca deixaram de comparecer em sua poesia. E, por que não?, o retrato de Cotrim, cuja desfaçatez insiste em manter-se fiel à etimologia do brasileiro.

Ainda não chegou o tempo, sonhado por José Guilherme Merquior, do Brasil *amável*, do Brasil definitivo.

(Favela ainda é senzala, jão. Bomba-relógio prestes a estourar.)

---

[190] Thomson-Deveaux, Flora. Nota sobre o Calabouço. *Brás Cubas* e os castigos aos escravos no Rio. *Revista piauí*, n. 140, maio 2018. Disponível em: https:// https://tinyurl.com/3cc8efsn. Acesso em: 20 out. 2025

Posfácio

Soma zero?

Em 1861, no Salão Oficial de Paris, Victor Meirelles apresentou ao público uma tela que talvez seja o equivalente da "Canção do exílio" nas artes plásticas brasileiras, *A Primeira Missa no Brasil*. Assim como o poeta compôs uma melodia que se tornou familiar aos ouvidos mesmo dos que nunca leram seus versos, o pintor plasmou uma figuração que faz parte do imaginário nacional, ainda que nunca tenhamos visitado o Museu Nacional de Belas Artes, no Rio de Janeiro, para apreciar sua aura, nem tenhamos estudado as inúmeras reproduções do quadro.

É um lugar-comum mencionar que Victor Meirelles teria emulado a tela de Émile Jean-Horace Vernet, *A Primeira Missa na Cabília* (*La Première Messe en Kabilye*), região no norte da Argélia; quadro apresentado em 1855 e que retrata episódio ocorrido em 1853 durante a expansão colonial francesa. Contudo, nem sempre se recorda que Vernet não disfarçou o caráter conflituoso do encontro entre culturas: na tela, mesmo diante do altar, os soldados conquistadores seguem com as armas em punho; aliás, durante a celebração, as tropas permanecem em prontidão. No canto direito inferior há um soldado ferido, com a cabeça enfaixada, atendido por uma mulher. Alguns argelinos, com turbantes brancos como símbolo de alteridade, trocam olhares e talvez uma ou outra palavra. E muito embora o quadro represente o momento eucarístico, instância de comunhão máxima entre o sagrado e o profano, uma atmosfera agônica domina o instante. Não há nada de similar na concepção de Victor Meirelles, que, pelo contrário, faz questão de conferir à ocasião um aspecto harmonioso.

Mais interessante seria colocar em diálogo o brasileiro com o francês Pharamond Blanchard, autor do quadro *A Primeira Missa na América* (*La Première Messe en Amérique*, 1850);[191] missa ocorrida em 6 de janeiro de 1494, durante a segunda viagem de Cristóvão Colombo. Sob uma tenda, não ao ar livre como no caso do artista brasileiro, o mistério eucarístico é consagrado pelo padre Bernardo Boyl, e o encontro anuncia o tom pacífico do contato transcultural, fundamento filosófico da tela de Victor Meirelles. Pharamond Blanchard inclusive vai além, pois reúne lado a lado espanhóis e indígenas. No canto direito inferior da tela, um espanhol, em meio aos nativos, aponta com a mão o crucifixo levantado pelo padre, numa proximidade física entre europeus e povos originários, quase vizinha ao toque, que não será reproduzida por Victor Meirelles.

A Primeira Missa no Brasil tem como fonte documental *A Carta do Achamento*, de Pero Vaz de Caminha, que descreve a missa proferida pelo Frei Henrique de Coimbra

[191] Ver o esclarecedor artigo de Marco Antonio Baptista: "A primeira missa do Brasil de Victor Meirelles: algumas influências e a cópia de Sebastião Vieira Fernandes" (In: Encontro Nacional da Associação Nacional de Pesquisadores em Artes Plásticas, 28, 2019. Goiânia. *Anais...* Goiânia: UFG, 2019, p. 1105-1122. Disponível em: https://tinyurl.com/4m85sd6m. Acesso em: 20 out. 2025).

em 26 de abril de 1550, na praia da Coroa Vermelha, em Santa Cruz Cabrália.[192] O êxito foi imediato, e o pintor recebeu o grau de cavaleiro Imperial da Ordem da Rosa, assim como o cargo de professor honorário da Academia de Belas Artes.

(Francisco de Adolfo Varnhagen, o primeiro brasileiro a escrever uma *História do Brasil*, em três volumes (1854-1857), foi agraciado pelo Imperador Pedro II com o título de Visconde do Porto Seguro. Pois é: sem disciplinar o passado, como enfrentar o futuro incerto?)

Puxe pela memória cultural: um paradoxo domina a tela. O primeiro plano é ocupado por indígenas, que parecem emoldurar a cena decisiva, que tem lugar no centro do quadro em direção ao canto esquerdo superior: Frei Henrique levanta o cálice no Novo Mundo, inaugurando a celebração eucarística na minha terra tem palmeiras. O céu claro, com seu azul cabralino, e as nuvens muito alvas, como as vestes do Frei, não deixam margem a dúvidas: a mensagem cristã iluminará o que até então se encontrava em trevas. No primeiro plano, aliás, os indígenas parecem organicamente ligados à vegetação, de um verde denso,

[192] "Ao domingo de Pascoela pela manhã, determinou o Capitão de ir ouvir missa e pregação naquele ilhéu. E mandou a todos os capitães que se aprestassem nos batéis e fossem com ele. E assim foi feito. Mandou armar um pavilhão naquele ilhéu, e dentro levando um altar mui bem arranjado. E ali com todos nós outros fez dizer missa, a qual foi disse o padre frei Henrique, em voz entoada, e oficiada com aquela mesma voz pelos outros padres e sacerdotes que todos assistiram, a qual missa, segundo meu parecer, foi ouvida por todos com muito prazer e devoção" (Caminha, *Carta a El-Rei D. Manuel*, *op. cit.*, p. 41).

escuro até. Cultura e natureza, civilização e barbárie em dicção cromática pouco sutil. No canto superior direito, dois nativos se equilibram no topo de uma árvore frondosa. Um deles se enrosca como se fosse uma serpente; mas, sob a liderança de Frei Henrique, o pecado original não se repetirá, muito embora a exploração colonial não tenha sido exatamente uma visão do paraíso. Harmonia indisputada, ânimo bélico afastado, como se os povos originários estivessem à espera justamente da Primeira Missa. Pelo menos é o que se deduz do contágio mimético imaginado por Caminha:

> Plantada a cruz com as armas e a divisa de Vossa Alteza, que primeiro lhe haviam pregado, armaram altar ao pé dela. Ali disse missa o padre frei Henrique, a qual foi cantada e oficiada por esses já ditos. Ali estiveram conosco, (*assistindo*) a ela perto de cinquenta ou sessenta deles, assentados todos de joelho *assim como nós*. E quando se veio ao Evangelho, que nos erguemos todos em pé, com as mãos levantadas, *eles se levantaram conosco, e alçaram as mãos,* estando assim até se chegar ao fim; e então tornaram-se a assentar, como nós. E quando levantaram a Deus, que nos pusemos de joelhos, *eles se puseram assim* como nós estávamos com as mãos levantadas, e em tal maneira sossegados que certifico a Vossa Alteza que nos fez muita devoção.[193]

Em breve, os missionários descobririam que essa mímesis de superfície era abandonada tão rapidamente quanto havia sido adotada, forjando o tema onipresente da "inconstância da alma selvagem" – fácil de impressionar, mas quase

[193] *Idem*, p. 62 e 64, grifos meus.

impossível de fixar formas duradouras.[194] Na Primeira Missa, contudo, estamos no momento idealizado. Ainda assim há algo que inquieta profundamente na tela de Victor Meirelles.

(Interrompa a leitura e contemple a tela mais uma vez. Tenha em mente o paralelo com Pharamond Blanchard.)

Portugueses e povos originários estão *presentes no mesmo cenário*, mas não parece haver interação entre eles. Os europeus desembarcam nas terras que muitos nem sequer suspeitavam ser um continente, não poucos seguiam na ilusão de Colombo, que acreditava ter chegado a um arquipélago. Erigem a Cruz de Cristo. Frei Henrique procede à celebração eucarística e, detalhe crucial, um coroinha segura atento a veste do celebrante para que ela não toque no chão que ainda não foi consagrado. Nas Grandes Navegações, ao cruzar a Linha do Equador, os marujos eram submetidos a diversos ritos de passagem, a fim de marcar o ingresso no desconhecido; algumas vezes, recebiam batismos improvisados como modo de proteção ante à barbárie a que seriam expostos.[195] Modesto, Frei Henrique exige apenas que não

---

[194] Eduardo Viveiros de Castro tratou desse tema no ensaio, "O mármore e a murta: sobre a inconstância da alma selvagem", inicialmente publicado na *Revista de Antropologia* (v. 35, São Paulo: USP, 1992, p. 21-74): "o gentio do país – inicial e exemplarmente, os Tupinambá litorâneos – era muito difícil de converter. Não que fosse feito de matéria refratária e intratável; ao contrário, ávido de novas formas, mostrava-se entretanto incapaz de se deixar impressionar indelevelmente por elas" (p. 22).

[195] "Cruzar o equador em navios a vela era um desafio. A ausência de ventos na zona equatorial, um dado da História Natural, tinha implicações na História humana, não apenas por oferecer uma

se permita seu contato com o solo virgem do Novo Mundo. Em aparência singelo, quase irrelevante, esse gesto contém uma chave de releitura da cena como um todo. No fundo, em sua radicalidade, o dilema brasileiro vem à tona.

A tela de Victor Meirelles, índice da nacionalidade tão poderoso quanto a "Canção do exílio", se não desterrou os indígenas (como Gonçalves Dias negligenciou o povo), tornou-os figuras acessórias, decoração exótica, garantia de cor local, verniz de verossimilhança histórica. Entre eles e os conquistadores elo algum foi estabelecido. A sociabilidade propriamente brasileira já se encontra nessa cena de origem: a proximidade física é uma estratégia que não mitiga, porém petrifica a distância social.

Em 1948 Candido Portinari concluiu o painel *A primeira missa no Brasil*, oferecendo à tela de Victor Meirelles um comentário tão ácido quanto Carlos Drummond de Andrade fez à "Canção do exílio", de Gonçalves Dias, com o poema "Nova canção do exílio".

(Outra vez: antes de seguir na leitura, demore-se na visita ao painel de Portinari.)

A cena de origem da civilização brasileira conhece uma rigorosa geometrização das formas, com cores fortes, que impactam ainda mais pela supressão deliberada no primeiro plano de qualquer elemento da flora e da fauna

dificuldade, mas por criar um relaxamento na faina e na hierarquia das tripulações, em meio ao qual se realizava um ritual a bordo dos navios de longo curso" (Rodrigues, Jaime. Um mundo novo no Atlântico: marinheiros e ritos de passagem na linha do equador, séculos XV-XX. *Revista Brasileira de História,* São Paulo, v. 33, n. 65, 2013, p. 240).

do Novo Mundo. A exceção, ao fundo, confirma a regra: mar e montanhas, que não têm relevância na economia da tela e, como no poema de Drummond, evocam *o longe* – apenas isso. Elementos presentes na tela de Victor Meirelles são naturalmente retomados: o altar ao ar livre, a veste de Frei Henrique, o coroinha que o auxilia, o baú aberto na proximidade do altar e, claro, os soldados, com uma presença muito mais ostensiva do que em Victor Meirelles, muitos orando, mas com as armas perfiladas – longas lanças em posição vertical. Atrás do altar, numa estaca azul, sobressai uma bandeira com a Cruz de Cristo, que simboliza a vitória sobre a morte, isto é, a ressurreição, atualizada na celebração eucarística. Por isso mesmo, a bandeira também é usada em campanhas militares. Ela não se encontra na tela de Victor Meirelles: trata-se de comentário corrosivo que conduz à explicitação do projeto colonial na ausência conspícua da presença indígena na celebração. Painel-pensamento, a decisão estética de Portinari explicitou a natureza prioritariamente política e comercial da empresa colonizadora. Nesse horizonte, os povos originários sempre foram encarados com desprezo vitimário, presença incômoda a ser eliminada; desprezo, aliás, transmitido posteriormente para os quase cinco milhões de escravizados trazidos à força ao Brasil, num processo de desumanização que ainda hoje marca nosso dia a dia.

Dilema brasileiro inconcluso, ferida que não cicatriza, fratura exposta.

Ainda.

Até quando?

(Um preto, um pobre, uma estudante, uma mulher sozinha.)

Agradecimentos

Este livro somente se tornou possível graças ao convite do escritor e diplomata João Almino para a publicação de um ensaio breve em edição bilíngue, português-alemão, no âmbito de uma relevante iniciativa editorial do Consulado-Geral do Brasil em Munique, com o apoio da Fundação Alexandre de Gusmão e do Instituto Guimarães Rosa.

Tive a boa sorte de contar com a leitura do professor Giorgio De Marchis, da Università degli Studi Roma Tre. Foi sua à ideia generosa de ampliar o texto publicado na Alemanha para uma edição na Itália, pela Edizioni dell'Orso. Por fim, a versão brasileira, definitiva, é ainda uma ampliação significativa de *Esilio come forma*: *Gonçalves Dias e il dilemma brasiliano*. Um livro em expansão: eis o que você tem em mãos.

Ao professor Matteo Rei, da Università degli Studi di Torino, devo a tradução do livro para o italiano. E muito mais: como todo tradutor é um leitor meticuloso, aqui e ali, ele corrigiu tropeços e me ajudou a aperfeiçoar a versão final.

A redação deste livro foi beneficiada pela concessão da Bolsa "Xiaoxiang Scholar/Visiting Researcher" – Hunan Normal University/Humboldt Centre for Interdisciplinary Research da Hunan Normal University (2021-2023).

Agradeço à professora da UERJ Andréa Sirihal Werkema, pela leitura crítica da primeira versão. Agradeço à revisora Cecília Martins por uma leitura aguda que ajudou a definir a forma final deste livro e à editora Rejane Dias pela parceria intelectual.

O apoio concedido pela Fundação de Amparo à Pesquisa do Estado do Rio de Janeiro (FAPERJ), por meio da Bolsa Cientista do Nosso Estado, foi fundamental para a redação final deste livro e para seu lançamento na Itália.[196]

[196] Trata-se do projeto "Machado/Shakespeare: *Dom Casmurro*, a obra-prima da emulação", processo 200.524/2023.

Referências

Abreu, Casimiro de. Canção do exílio [II]. In: Candido, Antonio; Castello, José de Aderaldo (Orgs.). *Presença da literatura brasileira*: *do Romantismo ao Simbolismo*. São Paulo: DIFEL, 1976.

Alencar, José de. Benção paterna. In: *Sonhos d'ouro*. Rio de Janeiro: José Olympio, 1953.

Alencar, José de. Como e por que sou romancista. In: *O Guarani*. *Romance brasileiro*. Rio de Janeiro: Livraria José Olympio Editora, 1953.

Alencastro, Luiz Felipe de. *O trato dos viventes: a formação do Brasil no Atlântico Sul*. São Paulo: Companhia das Letras, 2000.

Almeida, Manuel Antônio de. *Memórias de um sargento de milícias*. Organização de Therezinha Marinho. Rio de Janeiro: Instituto Nacional do Livro; Ministério da Educação e Cultura, 1969.

Anderson, Benedict R. *Imagined Communities: Reflections on the Origin and Spread of Nationalism*. Londres: Verso, 1983.

Andrade, Carlos Drummond de. Hino Nacional. *Brejo das almas*. In: *Poesia e prosa*. Organizado pelo autor. Rio de Janeiro: Nova Aguilar, 1988.

Andrade, Carlos Drummond de. Nova canção do exílio. *A rosa do povo*. In: *Poesia e prosa*. Organizada pelo autor. Rio de Janeiro: Nova Aguilar, 1988.

Andrade, Oswald de. A crise da filosofia messiânica. In: *A utopia antropofágica*. São Paulo: Globo, 1990.

Andrade, Oswald de. Canto de regresso à pátria. In: *Pau Brasil*. São Paulo: Globo, 1990.

Araujo, Valdei Lopes de. José Bonifácio, Shakespeare e os gregos: a língua do Brasil e a imagem do Brasil. *Almanack Brasiliense*, v. 4, nov. 2006.

Arns, Paulo Evaristo (Org.). *Brasil: nunca mais*. Petrópolis: Vozes, 1985.

Assis, Machado de. A nova geração. In: *Obra completa*. Vol. III. Rio de Janeiro: Nova Aguilar, 2021. p. 1230-1255.

Assis, Machado de. A parasita azul. *Histórias da meia-noite*. In: *Obra Completa*. Vol. II. Rio de Janeiro: Nova Aguilar, 2021. p. 142-170.

Assis, Machado de. Antônio José. In: *Obra Completa*. Vol. II. Rio de Janeiro: Nova Aguilar, 2021. p. 684-691.

Assis, Machado de. *Dom Casmurro*. In: *Obra Completa*. Vol. I. Rio de Janeiro: Nova Aguilar, 2021. p. 904-1043.

Assis, Machado de. Literatura realista. O primo Basílio. In: *Obra Completa*. Vol. III. Rio de Janeiro: Nova Aguilar, 2021. p. 1206-1215.

Assis, Machado de. *Memórias póstumas de Brás Cubas*. In: *Obra completa*. Vol. I. Rio de Janeiro: Nova Aguilar, 2021. p. 596-733.

Assis, Machado de. Miss Dollar. *Contos Fluminenses*. In: *Obra Completa*. Vol. II. Rio de Janeiro: Nova Aguilar, 2021. p. 14-29.

Assis, Machado de. Notícia da atual literatura brasileira: Instinto de nacionalidade. In: *Obra Completa*. Vol. III. Rio de Janeiro: Nova Aguilar, 2021. p. 1177-1184.

Assis, Machado de. *Quincas Borba*. In: *Obra completa*. Vol. I. Rio de Janeiro: Nova Aguilar, 1976. p. 734-903.

Assis, Machado de. *Ressurreição*. In: *Obra Completa*. Vol. I. Rio de Janeiro: Nova Aguilar, 2021. p. 230-307.

Assis, Machado de. Tempo de Crise. *Contos Fluminenses*. In: *Obra Completa*. Vol. II. Rio de Janeiro: Nova Aguilar, 2021. p. 1142-1151.

Bandeira, Manuel. A vida e a obra do poeta. In: *Gonçalves Dias: Poesia e prosa completas*. Organização de Alexei Bueno. Rio de Janeiro: Nova Aguilar, 1998. p. 13-56.

Baptista, Marco Antonio. A primeira missa do Brasil de Victor Meirelles: algumas influências e a cópia de Sebastião Vieira Fernandes. In: Encontro Nacional da Associação Nacional de Pesquisadores em Artes Plásticas, 28, 2019, *Origens*. Goiânia. *Anais*... Goiânia: UFG, 2019, p. 1105-1122. Disponível em: https://tinyurl.com/4m85sd6m. Acesso em: 20 out. 2025.

Barbosa, Domingos Caldas. Doçura de amor. In: *Viola de Lereno. Poesia*. Organização de Suetônio Soares Valença. Rio de Janeiro: Civilização Brasileira, 1980. p. 255-260.

Barbosa, Francisco de Assis. Caldas Barbosa, poeta da "Viradeira". In: *Viola de Lereno: poesia.* Organização de Suetônio Soares Valença. Rio de Janeiro: Civilização Brasileira; Instituto Nacional do Livro, 1980. p. 13-24.

Barreto, Tobias. O Brasil como ele é considerado do ponto de vista literário (1876). In: *Monografias em alemão*. Rio de Janeiro; Brasília: Editora Record; Instituto Nacional do Livro, 1990.

Bates, Walter Jackson. *The Burden of the Past and the English Poet*. New York: Norton, 1970.

Bloom, Harold. *The Anxiety of Influence*: *A Theory of Poetry*. 2. ed. Oxford: Oxford University Press, 1997.

Borges, Jorge Luis. El escritor argentino y la tradición. In: *Obras completas*: *1923-1972*. Buenos Aires: Emecé, 1974. p. 267-274.

Borges, Jorge Luis. Pierre Menard, el autor del Quijote. In: *Obras completas*: *1923-1972*. Buenos Aires: Emecé, 1974. p. 444-450.

Buck-Morss, Susan. Hegel e o Haiti. Tradução de Sebastião Nascimento. *Novos Estudos*, 90, jul. 2011.

Caminha, Pero Vaz de. *Carta a El-Rei D. Manuel*. Introdução, organização de texto, glossário, bibliografia e índices de Leonardo Arroyo. São Paulo: Dominus, 1963.

Canarinos, Ana Karla. *Meditação* e a tradição do ensaísmo brasileiro. In: Werkema, Andréa Sirihal; Wilton José Marques (Orgs.). *"A ideia como paixão": Gonçalves Dias pela crítica contemporânea*. São Paulo: Alameda Casa Editorial, 2023. p. 15-44.

Candido, Antonio. *Formação da Literatura Brasileira: Momentos decisivos – 1750 a 1880*. Rio de Janeiro: Ouro sobre o Azul, 2007.

Castro, Eduardo Viveiros de. O mármore e a murta: sobre a inconstância da alma selvagem. *Revista de Antropologia,* v. 35, p. 21-74, São Paulo: USP, 1992.

DaMatta, Roberto. *Carnavais, malandros e heróis: para uma sociologia do dilema brasileiro*. 6. ed. Rio de Janeiro: Rocco, 1997.

Dias, Gonçalves. Canção do Exílio. *Primeiros Cantos*. In: *Gonçalves Dias: Poesia e prosa completas*. Organização de Alexei Bueno. Rio de Janeiro: Nova Aguilar, 1998. p. 105-106.

Dias, Gonçalves. *Dicionário da Língua Tupi, chamada Língua Geral dos Indígenas do Brasil*. Lípsia: F. A. Brockhaus, 1858. Disponível em: https://tinyurl.com/svr33ku7. Acesso em: 08 out. 2025.

Dias, Gonçalves. *Meditação*. In: *Gonçalves Dias: Poesia e prosa completas*. Organização de Alexei Bueno. Rio de Janeiro: Nova Aguilar, 1998. p. 725-756.

Dias, Gonçalves. *Últimos Cantos*. In: *Gonçalves Dias: Poesia e prosa completas*. Organização de Alexei Bueno. Rio de Janeiro: Nova Aguilar, 1998. p. 367-501.

Dias, Gonçalves. Prólogo da Primeira Edição. *Primeiros Cantos*. In: Bueno, Alexei (Org.). *Gonçalves Dias: Poesia e prosa completas*. Rio de Janeiro: Nova Aguilar, 1998. p. 103.

Dias, Gonçalves. Seus olhos. *Primeiros Cantos*. In: *Gonçalves Dias: Poesia e prosa completas*. Organização de Alexei Bueno. Rio de Janeiro: Nova Aguilar, 1998. p. 131-132.

Eclesiastes 1:9. In: *Bíblia do Peregrino*. 2. ed. Organização e notas de Luís Alonso Schökel. São Paulo: Paulus, 2006.

Enslen, Joshua Alma. *Song of Exile: a Cultural History of Brazil's Most Popular Popular Poem, 1846-2018*. West Lafayette, Indiana: Purdue University Press, 2022.

Flusser, Vilém. *Fenomenologia do brasileiro: em busca de um novo homem*. Organização de Gustavo Bernardo. Rio de Janeiro: EdUERJ, 1998.

Fontela, Orides. Kant (relido). In: *Orides Fontela: poesia completa*. Organização de Luis Dolhnikoff. São Paulo: Hedra, 2015.

Galvão, Walnice Nogueira. Modernismo: intertextos. In: *Desconversa*. Rio de Janeiro: Editora da UFRJ, 1998.

Gilroy, Paul. *O Atlântico negro: modernidade e dupla consciência*. Tradução de Cid Knipel Moreira. São Paulo: Editora 34, 2001.

Goethe, Johann Wolfgang von. *Os anos de aprendizado de Wilhelm Meister*. Tradução de Nicolino Simone Neto. São Paulo: Editora 34, 2006.

Hegel, Georg Wilhelm Friedrich. *Fenomenologia do Espírito*. Tradução de Paulo Meneses, com a colaboração de Karl-Heinz Efken e José Nogueira Machado. 2. ed. Petrópolis: Vozes; Universidade São Francisco, 2022.

Herculano, Alexandre. Futuro literário de Portugal e do Brasil (1847). In: *Antônio Gonçalves Dias*. p. 97-100.

Holanda, Aurélio Buarque de. À margem da "Canção do exílio". In: *Território lírico: ensaios*. Rio de Janeiro: O Cruzeiro, 1958. p. 23-32.

Holanda, Sérgio Buarque de. (1936). *Raízes do Brasil*. Rio de Janeiro: José Olympio, 1967.

Holanda, Sérgio Buarque de. Prefácio. In: Magalhães, Gonçalves de. *Suspiros poéticos e saudades*. Brasília: Editora UnB, 1986. p. 14-32.

Kant, Immanuel. *Crítica da razão prática*. Tradução de Valério Rodhen. São Paulo: WMF Martins Fontes, 2011.

Kodama, Kaori. O tupi e o sabiá: Gonçalves Dias e a etnografia do IHGB em Brasil e Oceania. *Fênix*: *Revista de História e Estudos Culturais*, v. 4, ano IV, n. 3, p. 1-14, 2007.

Kullmann, Thomas. The *Hamlet* Project in Goethe's *Wilhelm Meister's Years of Apprenticeship*. *Multicultural Shakespeare*: *Translation, Appropriation and Performance*, v. 15, n. 30, p. 147-159 2017.

Lavelle, Patrícia. Poesia, mito e filosofia: uma leitura insistente de Orides Fontela. *Alea*, v. 21/2, p. 207-218, maio-ago. 2019.

Magalhães, Gonçalves de. Adeus à Europa. In: *Suspiros poéticos e saudades*. Brasília: Editora UnB, 1986. p. 421-422.

Magalhães, Gonçalves de. O dia 7 de setembro, em Paris. In: *Suspiros poéticos e saudades*. Brasília: Editora UnB, 1986. p. 375-382.

Marques, Wilton José. *Gonçalves Dias*: *o poeta na contramão. Literatura e escravidão no Romantismo brasileiro*. São Carlos: EDUFSCAR, 2010.

Marques, Wilton José. Machado de Assis & Gonçalves Dias: encontros e diálogos. In: *O poeta do lá*. São Carlos: EDUFSCAR, 2014.

Marques, Wilton José. O poema e a metáfora. *Revista Letras*, Curitiba: Editora UFPR, n. 60, p. 79-93, 2003.

Marques, Wilton José. *O poeta do lá*. São Carlos: EDUFSCAR, 2014.

Mello, Evaldo Cabral de. *O negócio do Brasil. Portugal, os Países Baixos e o Nordeste*. Rio de Janeiro: Topbooks, 2003.

Mendonça, A. P. Lopes de. A. Gonçalves Dias. In: Moreira, Maria Eunice (Org.). *Gonçalves Dias e a crítica portuguesa no século XIX*. Lisboa; Porto Alegre: CLEPUL-Universidade de Lisboa; PUC-Rio Grande do Sul, 2010. p. 105-109.

Merquior, José Guilherme. O poema do lá. In: *Razão do poema: ensaios de crítica e de estética*. São Paulo: É Realizações, 2013.

Meyer, Augusto. Sobre uma epígrafe. In: *A chave e a máscara*. Rio de Janeiro: Edições O Cruzeiro, 1964. p. 95-99.

Miranda, Ana. *Dias & dias: romance*. São Paulo: Companhia das Letras, 2002.

Molina, Diego A. A *Meditação* de Gonçalves Dias. A *natureza* dos males brasileiros. In: *Revista Estudos Avançados*, v. 30, n. 86, 2016, p. 235-252.

Moraes, Marcos Antonio de (Org.). *Correspondência Mário de Andrade & Manuel Bandeira*. São Paulo: IEB/USP, 2000.

Moreira, Maria Eunice (Org.). *Gonçalves Dias e a crítica portuguesa no século XIX*. Lisboa; Porto Alegre: CLEPUL-Universidade de Lisboa; PUC-RS, 2010.

Moura, Clóvis. *Quilombos: resistência ao escravismo*. São Paulo: Expressão Popular, 2020.

Moura, Clóvis. Sociologia da República dos Palmares. In: *Sociologia do negro brasileiro*. 2. ed. São Paulo: Perspectiva, 2025.

Nascimento, Beatriz. Quilombo: em Palmares, na favela, no carnaval. In: Ratts, Alex (Org.). *O negro visto por ele mesmo*: *ensaios, entrevistas e prosa*. São Paulo: UBU, 2022. p. 129-135.

Oliveira, Leonardo Davino de. As canções de "Canção do exílio". In: Werkema, Andréa Sirihal; Wilton José Marques (Orgs.). "*A ideia como paixão*": *Gonçalves Dias pela crítica contemporânea*. São Paulo: Alameda Casa Editorial, 2023. p. 203-231.

Paes, José Paulo. Canção do exílio facilitada. In: *Um por todos* (*poesia reunida*). São Paulo: Brasiliense, 1986.

Pamboukian, Mateus Roman. A Queda de Satanás: Gonçalves Dias transluciferador de Turquety. *Cadernos de tradução*, Florianópolis, v. 42, n. 1, p. 1-17, 2022. https://doi.org/10.5007/2175-7968.2022.e77636.

Pereira, Lúcia Miguel. *A vida de Gonçalves Dias*: *contendo o Diário Inédito da Viagem de Gonçalves Dias ao Rio Negro*. Rio de Janeiro: Livraria José Olympio Editora, 1943.

Peres, Marco Flamínio. Paisagem sublime e paixão: Gonçalves Dias leitor crítico de Turquety. In: Werkema, Andréa Sirihal; Wilton José Marques (Orgs.). "*A ideia como paixão*": *Gonçalves Dias pela crítica contemporânea*. São Paulo: Alameda Casa Editorial, 2023. p. 233-254.

Pessoa, Fernando. *Mensagem: poemas esotéricos*. Organização de José Augusto Seabra. Paris: Coleção Archivos, 1996.

Picchio, Luciana Stegagno. *La letteratura brasiliana*. Milano: Edizioni Academica, 1972.

Prado, Paulo. Poesia Pau Brasil. In: Andrade, Oswald de. *Pau Brasil*. (1925) São Paulo: Globo, 1990.

Queirós, Eça de. *Ecos de Paris*. Porto: Livraria Lello & Irmãos, 1945.

Queirós, Eça de. *O primo Basílio. (Cenas da vida doméstica)*. São Paulo: Penguin; Companhia das Letras, 2015.

Queiroz, Marcus. *Assombros da Casa-Grande: a Constituição de 1824 e as vidas póstumas da escravidão*. São Paulo: Fósforo: 2024.

Queiroz, Marcus. *Constitucionalismo Brasileiro e o Atlântico Negro*: *a experiência constituinte de 1823 diante da Revolução Haitiana*. 5. ed. Rio de Janeiro: Lumen Juris, 2025.

Reis, Maria Firmina dos. A escrava. In: *A escrava. Antologia de prosa e versos*. São Paulo: Hedra, 2021. p. 15-29.

Renan, Ernst. O que é uma nação? In: Rouanet, Maria Helena (Org.). *Cadernos da Pós/Letras*, n. 19: Nacionalidade em questão. Rio de Janeiro: PPGL/UERJ, 1997.

Ricardo, Cassiano. Gonçalves Dias, lírico. In: *O Indianismo de Gonçalves Dias*. São Paulo: Imprensa Oficial; Conselho Estadual de Cultura, 1964.

Ricardo, Cassiano. O gigante nº 5. In: *Martim Cererê*. 11. ed. (em forma definitiva). São Paulo: Saraiva, 1962.

Rocha, João Cezar de Castro. *Culturas shakespearianas: teoria mimética e os desafios da mímesis em circunstâncias não hegemônicas* São Paulo: É Realizações, 2017.

Rocha, João Cezar de Castro. *Cultures latino-américaines et poétiques de l'émulation. Littérature des faubourgs du monde?* Paris: Éditions Petra, 2015.

Rocha, João Cezar de Castro. *Literatura e cordialidade*: *o público e o privado na cultura brasileira*. Rio de Janeiro: EDUERJ, 1998.

Rocha, João Cezar de Castro. *Machado de Assis: por uma poética da emulação*. Rio de Janeiro: Civilização Brasileira, 2013.

Rocha, João Cezar de Castro. *Machado de Assis: Toward a Poetics of Emulation*. East Lansing, Michigan: Michigan State University Press, 2015.

Rocha, João Cezar de Castro. *Shakespearean Cultures. Latin America and the Challenge of Mimesis in Non-Hegemonic Circumstances*. Michigan State University Press, 2019.

Rocha, João Cezar de Castro. The Museum-Brazil: Cultural Cannibalism as na Answer to the Predicaments of a Shakespearean Culture. In: *Revista Brasileira de Literatura Comparada*. Niterói, v. 22, n. 41, p. 15-26, set./dez. 2020. Disponível em: https://tinyurl.com/4hb3ekkm. Acesso em: 15 out. 2025.

Rodrigues, Jaime. Um mundo novo no Atlântico: marinheiros e ritos de passagem na linha do equador, séculos XV-XX. *Revista Brasileira de História,* São Paulo, v. 33, n. 65, p. 235-276, 2013.

Romero, Sílvio. *História da Literatura Brasileira*. Organização de Luiz Antônio Barreto. Rio de Janeiro; Aracaju: Imago; Universidade Federal de Sergipe, 2001.

Salomão, Sonia Netto. Cesare Segre e o Brasil; a permanência de uma opção crítico-metodológica. *Discurso: Revista Internacional de Semiótica y Teoría Literaria*, v. 19, n. 20, p. 205-222, 2007.

Santiago, Silviano (Org.). *Carlos & Mário. Correspondência completa entre Carlos Drummond de Andrade (inédita) e Mário de Andrade*. Rio de Janeiro: Bem-Te-Vi, 2002.

Secchin, Antonio Carlos. Gonçalves Dias: poesia e etnia. In: *Percursos da poesia brasileira*: *do século XVIII ao XXI*. Belo Horizonte: Autêntica; Editora UFMG, 2018.

Segre, Cesare. A "Canção do exílio" de Gonçalves Dias ou as estruturas do tempo. In: *Os signos e a crítica*. Tradução de Rodolfo Ilari e Carlos Vogt. São Paulo: Perspectiva, 1974.

Shakespeare, William. *A tragédia de Hamlet, príncipe da Dinamarca*. Tradução de Lawrence Flores Pereira. São Paulo: Penguin; Companhia das Letras, 2015.

Shakespeare, William. *Medida por medida*. Tradução de Carlos Alberto Nunes. In: *Teatro completo*. Comédias. Rio de Janeiro: Agir, 2008.

Silva, José Bonifácio de Andrade e. *Projetos para o Brasil*. Organização de Miriam Dolhnikoff. São Paulo: Companhia das Letras, 1998.

Souza, Gilda Melo e. *O tupi e o alaúde*: *uma intepretação de* Macunaíma. São Paulo: Livraria Duas Cidades, 1979.

Souza, Jessé. *A elite do atraso*: *da escravidão à ascensão da extrema direita*. Rio de Janeiro: Civilização Brasileira, 2025.

Thomson-Deveaux, Flora. Nota sobre o Calabouço. *Brás Cubas* e os castigos aos escravos no Rio. In: *Revista piauí*, n. 140, maio de 2018. Disponível em: ttps:// https://tinyurl.com/3cc8efsn. Acesso em: 20 out. 2025.

Valença, Suetônio Soares. A viola de Lereno. In: *Viola de Lereno: poesia*. Organização de Suetônio Soares Valença. Rio de Janeiro: Civilização Brasileira; Instituto Nacional do Livro, 1980. p. 25-34.

Vaz, Henrique C. de Lima. Senhor e Escravo: uma parábola da filosofia ocidental. *Síntese Nova Fase*, Rio de Janeiro, v. 8, n. 21, jan./abr. 1981.

Veríssimo, José. *História da Literatura Brasileira*. Rio de Janeiro: Topbooks, 1998.

Voltaire, *Cândido, ou o otimismo*. Tradução de Mário Laranjeira. São Paulo: Penguin; Companhia das Letras, 2021.

Werkema, Andréa Siriha; Marques, Wilton José. Apresentação. In: Werkema, Andréa Sirihal; Wilton José Marques (Orgs.). *"A ideia como paixão": Gonçalves Dias pela crítica contemporânea*. São Paulo: Alameda Casa Editorial, 2023. p. 9-14.

Werkema, Andréa Sirihal. Dois motivos mais que românticos na poesia de Gonçalves Dias. In: Werkema, Andréa Sirihal; Wilton José Marques (Orgs.). *"A ideia como paixão": Gonçalves Dias pela crítica contemporânea*. São Paulo: Alameda Casa Editorial, 2023. p. 77-103.

Werkema, Andréa Sirihal; Wilton José Marques (Orgs.). "*A ideia como paixão*": *Gonçalves Dias pela crítica contemporânea*. São Paulo: Alameda Casa Editorial, 2023.

Índice analítico

Índice onomástico

Este livro foi composto com tipografia adobe Adobe Garamond Pro
e impresso em papel Off-White 70 g/m² na Formato Artes Gráficas.